Eis selber machen

300 Tage leckere und vielfältige Eisrezepte mit und ohne Eismaschine

Paul Loewe

Table of Contents

Einleitung

ie Temperaturen steigen, die Sonne scheint und es gibt doch nichts
Schöneres als ein cremiges, leckeres Eis, nicht wahr? Doch die Eisdielen
haben zum Teil lange Schlangen, sind zu weit entfernt oder bieten schlicht
und einfach nicht das Angebot, welches dich völlig überzeugen kann. So
haben gerade Veganer, alle Menschen mit einer Laktoseintoleranz und
jeder mit dem Wunsch nach einer gesünderen Ernährung in klassischen
Eisdielen oft das Nachsehen. In diesem Sommer kannst du aber deine
eigenen vier Wände zur Eisdiele machen und allein, mit Freunden oder der Familie
eisige Köstlichkeiten genießen.

Für viele Rezepte ist keine Eismaschine nötig, und wenn du einige Grundregeln
beachtest, gelingt das Eis mit und ohne Eismaschine direkt in der Küche. Mal mit
und mal ohne Sahne, fruchtige Sorbets, zuckerfreies Eis, vegane Sorten, Low-Carb-
Eis oder Eisdesserts zum Genießen: In diesem Buch finden sich 111 vielseitige
Rezepte, die garantiert Lust aufs Naschen machen. Natürlich fehlen Eis-Shakes
ebenso wenig wie Frozen Yogurt – Eis kann schließlich auch gesund und absolut
figurfreundlich sein.

Damit selbstgemachtes Eis gelingt und weder hartgefroren ist noch voller
Eiskristalle steckt, gibt es bei der Zubereitung einige Tipps und Tricks zu beachten.
Außerdem spielen die richtigen Zutaten genau wie einige Hilfsmittel, zu denen ein
Mixer oder ein Handrührgerät gehört, eine große Rolle. Freue dich auf das perfekte
Eis und probiere dich durch mehr als 100 süße Möglichkeiten, die Gäste ebenso wie
die eigene Familie begeistern.

Welches selbstgemachte Eis wird dein neuer Favorit? Selbstverständlich gibt es
nicht nur echt italienisches Sahneeis für alle, die richtig genießen wollen, sondern
auch tolle kindgerechte Rezepte, bei denen der Wunsch nach dem Besuch der

Eisdiele bestimmt nicht mehr so schnell aufkommt. Werde zum Spezialisten und entdecke die vielen leckeren Eissorten wahlweise ohne oder mit Eismaschine!

Eis selbst machen:
Das musst du beachten

eim selbstgemachten Eis sind einige wichtige Punkte zu beachten. Mit der falschen Herstellung entsteht eher ein gefrorener Block voller Eiskristalle und nicht die gewünschte cremige Süßigkeit. Zunächst einmal steht die Überlegung, ob eine Eismaschine nötig ist oder nicht, am Anfang der Eisherstellung. Neben der Eismaschine an sich müssen die Zutaten genau wie das Zubehör stimmen, damit die Masse wie gewünscht zum Eis wird.

Falls du das Eis ohne eine Eismaschine herstellst, kannst du schnell Nicecream aus gefrorenen Früchten wie zum Beispiel Bananen herstellen. Im Normalfall ist die Eisherstellung ohne Eismaschine mit einem hohen Zeitaufwand verbunden. Mit einer Eismaschine gibst du die Eismasse einfach in die Maschine und verarbeitest diese nach Anleitung zu cremigem Eis. Ohne die Verwendung dieser Maschine ist es ganz wichtig, alle 60 bis maximal 90 Minuten das Eis aus der Gefriertruhe zu nehmen und gründlich umzurühren. Dabei sollte nicht einfach nur mit einem Löffel kurz gerührt werden. Vielmehr ist ein Schneebesen das richtige Werkzeug für diesen Arbeitsschritt, damit das Eis wirklich cremig werden kann. Ein großer Holzlöffel eignet sich aber genauso gut dafür.

Während der Gefrierzeit von rund 4 bis 6 Stunden ist es daher wichtig, dass das Eis mehrfach auf diese Weise durchgerührt wird. Dadurch kommt Luft in die Masse, die Eiskristalle können nicht zu einem Block zusammenfrieren und das Endergebnis wird dich überzeugen. Bei der Verwendung einer Eismaschine ist weniger Geduld erforderlich, doch die Kosten für ihre Anschaffung sind natürlich nicht zu unterschätzen. Es gibt durchaus einige Eissorten, deren Herstellung auch gut ohne eine solche Maschine funktioniert. Dazu gehört beispielsweise Frozen Yogurt, und auch Eis-Shakes gelingen sehr gut ohne die Eismaschine, genau wie eine Reihe von

Sorbets. Bei den Eisdesserts sind in den Rezepten in diesem Buch Angaben zur verwendeten Eiscreme gemacht worden. Soll diese selbst gemacht werden, ist wiederum eine Eismaschine sehr hilfreich. Es geht hier vor allem um das gewünschte Endergebnis und um die Liebe zum Eis. Isst du beispielsweise häufig oder doch eher seltener Eis? Davon hängt mit ab, welche Eisherstellung sich am ehesten für dich anbietet. Damit das Eis, welches eine Eismaschine oder eine Gefriertruhe benötigt, perfekt gelingt, sollten immer einige wichtige Punkte beachtet werden.

Beachte folgende Punkte, damit das Eis gelingt:

1. Regelmäßig durchrühren für eine cremige Masse.
2. Die Temperatur bei -15 bis -18 Grad halten.
3. Die Reihenfolge der Zutaten und die Mengenangaben bei den ersten Versuchen beachten.
4. Einen guten Mixer oder einen Pürierstab benutzen, damit die Verarbeitung leichter gelingt.
5. Das Eis für rund 30 Minuten antauen lassen oder sofort essen.

Wie bereits erwähnt, gibt es ja durchaus die Möglichkeit, Eis ganz ohne eine Eismaschine herzustellen. Es dauert nur länger und das Ergebnis ist in der Regel nicht ganz so cremig, wie es nach Verwendung der Maschine der Fall ist. Unmöglich ist diese Form der Eisherstellung aber ganz sicher nicht! Gerade dann, wenn du das hausgemachte Eis erst einmal ausprobieren möchtest, solltest du dir vielleicht überlegen, ob du die ersten Male Eis ohne Maschine herstellst und eventuell später auf die einfachere Herstellung mit Eismaschine umsteigst. Im nächsten Kapitel geht es daher erst einmal um die Frage, inwiefern der Erwerb einer Eismaschine Sinn macht und wie gut es auch ohne sie geht. Die einzelnen Typen von Eismaschinen werden ebenfalls vorgestellt, damit die Entscheidung für eine von ihnen am Ende leichter fällt.

Eismaschine:
Ja oder Nein?

Zum Glück sind die Zeiten vorbei, in denen angenommen wurde, dass Eis gar nicht ohne eine gute Eismaschine hergestellt werden kann. Dennoch stellt sich die Frage, ob eine solche Eismaschine erforderlich ist, und wenn nicht, wie dann das Eis ohne eine solche Maschine richtig cremig und lecker wird. Wie du die cremige Konsistenz selbst ohne Eismaschine erhältst, wurde bereits im letzten Kapitel beantwortet: durch Rühren! Das geht also genauso gut ohne die Maschine, obwohl diese einige Vorteile mit sich bringt.

Vorteile einer Eismaschine:
• Das Eis wird schön cremig wie das aus der Eisdiele
• Der Arbeitsaufwand ist deutlich geringer als ohne Eismaschine
• Eignet sich für alle Eissorten

Nachteile einer Eismaschine:
• Die Anschaffungskosten betragen je nach Modell zwischen 40 und 400 Euro
• Platz für das Gerät muss geschaffen werden
• Lohnt sich nicht bei sehr seltener Nutzung

Vorteile beim Eis ohne Eismaschine:
• Kostengünstige Methode
• Ideal für alle, die nur selten Eis machen möchten
• Das Gespür für die Konsistenz ist gefragter und der Aufwand ist noch größer
• Platz- und energiesparend

Nachteile beim Eis ohne Eismaschine:
• Sehr zeitaufwendige Methode
• Du musst über einige Stunden hinweg in der Nähe der Gefriertruhe bleiben
• Eis ist meist etwas weniger cremig als aus der Eismaschine

Nach einem genaueren Blick auf die einzelnen Vor- und Nachteile fällt es dir sicherlich schon etwas leichter, die Entscheidung für oder gegen eine solche Maschine zu treffen. Vielleicht hilft dir ein kleiner Hinweis an dieser Stelle noch weiter: Wer sehr selten Eis zubereiten oder erst einmal damit anfangen möchte, braucht noch keine Eismaschine. Wer aber schon weiß, dass es toll ist, eigenes Eis herstellen zu können, und regelmäßige und dankbare Abnehmer findet, ist mit einer Eismaschine sehr gut beraten. Dann ist der Aufwand geringer und die höheren Kosten lohnen sich in einem solchen Fall ebenfalls. Hier gilt es daher immer zu überlegen, wie oft eine Eismaschine benutzt wird. Die gemeinsame Anschaffung mit Nachbarn oder Freunden kann ebenfalls eine Möglichkeit darstellen.

Darüber hinaus stellt sich vor dem Kauf einer Eismaschine noch die Frage, ob diese mit oder ohne Kompressor gekauft werden soll. Ein integrierter Kompressor kühlt die Masse dabei ohne weitere Vorbereitung herunter und sorgt für die erforderliche Temperatur in der Maschine. Eismaschinen ohne Kompressor sind deutlich günstiger als die Modelle mit einem solchen Kompressor. Auch sonst gibt es verschiedene Vor- und Nachteile, so dass sich ein genauer Blick auf sie vor der Kaufentscheidung anbietet.

Eismaschine ohne Kompressor

D ie Modelle ohne Kompressor sind ohne Frage im Vergleich zu den Modellen mit einem Kompressor sehr günstig. Hier sind wirklich gute Einstiegsmodelle tatsächlich schon ab einem Preis von 40 Euro erhältlich, wodurch sich die Investition in Grenzen hält. Selbst ohne Kompressor wird das Eis bei diesen Modellen gekühlt, allerdings muss das Kühlteil bei -18 Grad für 24 Stunden eingefroren werden. Dafür ist es wichtig, dass im Gefrierschrank ausreichend Platz vorhanden ist und dieser auf eine Temperatur von -18 Grad eingestellt werden kann. Das ist natürlich nicht bei jedem Gefrierschrank möglich.

Zusätzlich sollte bei einem solchen Modell die Umgebungstemperatur bei der Eisherstellung an sich nicht über 20 Grad liegen. In sehr warmen Räumen wird die Arbeit damit etwas schwieriger. Bei der Herstellung mehrerer Eissorten wird es üblicherweise erforderlich sein, das Kühlteil nach der Zubereitung der ersten Sorte wieder für mehrere Stunden einzufrieren.

Von Vorteil ist bei den Eismaschinen ohne Kompressor aber nicht nur der Preis. Die Geräte sind außerdem deutlich kompakter und leichter, als es bei Modellen mit integriertem Kompressor der Fall ist. Das entstandene Eis wird ebenfalls cremig und ist ein echter Genuss – nur die Handhabung ist bei ihnen ein wenig aufwendiger als bei einer Eismaschine mit Kompressor.

Die Vorteile in der Zusammenfassung:
• Günstiger Anschaffungspreis ab etwa 40 Euro
• Geräte sind leicht und kompakt
• Gute Lösung für Küchen mit weniger Platz und für die gelegentliche Eisherstellung

Die Nachteile in der Zusammenfassung:

• Das Kühlteil muss für rund 24 Stunden eingefroren werden
• Der Gefrierschrank muss Platz aufweisen und auf -18 Grad einstellbar sein
• Nach der Herstellung einer Eissorte muss das Kühlteil wieder eingefroren werden
• Die Umgebungstemperatur sollte bei der Eisherstellung möglichst niedrig sein

Eismaschine mit Kompressor

ie professionelle Variante für Eisliebhaber mit großem Eishunger ist sicherlich die Eismaschine mit Kompressor. Dabei handelt es sich um die kostspieligste Option der Eisherstellung. Diese Maschinen benötigen außerdem mehr Platz und sind nicht gerade leicht. Dafür kannst du jederzeit mit der Eisherstellung anfangen und selbst dann dein Eis selbst machen, wenn draußen gerade die 30-Grad-Marke geknackt wurde und du unbedingt jetzt sofort ein Eis haben möchtest. Die Zubereitungszeit ist kurz, du musst in der Regel nicht mehr nachfrieren und erhältst auf die einfachste Weise cremiges Eis. Preislich schlagen diese Eismaschinen mit 150 bis rund 400 Euro zu Buche. Doch wenn du häufiger Eis zubereiten willst, eher zu den spontanen Menschen gehörst oder es mal mehrere Eissorten nacheinander an einem Tag werden sollen, ist diese Maschine die richtige Wahl. Mit einem solchen Gerät wird das Eis in kurzer Zeit genauso cremig, wie es deine Lieblingseisdiele serviert. Eine Überlegung ist die Anschaffung somit ganz sicher wert.

Die Vorteile in der Zusammenfassung:
• Die Eisherstellung ist jederzeit und sofort möglich
• Die Umgebungstemperatur darf hoch sein
• Die Herstellung mehrerer Eissorten ist problemlos möglich
• Ein Nachfrieren ist im Normalfall nicht mehr erforderlich
• Das Eis bleibt nach der Zubereitung noch für einen Moment kühl
• Besonders cremiges Eis wird auf einfachste Weise hergestellt

Die Nachteile in der Zusammenfassung:
• Die Maschinen sind mit einem Preis ab 150 Euro recht kostspielig
• Die Eismaschine braucht viel Platz und ist zudem recht schwer

Neben der grundsätzlichen Entscheidung, ob eine Eismaschine benötigt wird oder nicht, gibt es noch einige weitere Faktoren bei den Zutaten sowie beim Zubehör, die es für das perfekte Eis zu beachten gilt. Über die wichtigsten Punkte erfährst du im folgenden Kapitel mehr. Denn der Geschmack des fertigen Eises hängt immer sehr stark von den Zutaten und nicht nur von der Zubereitung ab.

Zutaten und Zubehör: Darauf kommt es an

E s gibt bestimmte Zutaten und natürlich das richtige Zubehör für die Zubereitung leckerer Eissorten, die du unbedingt beachten solltest. Beim Zubehör solltest du im Idealfall über einen guten Mixer und nicht nur über einen Pürierstab verfügen, da du damit bessere und schnellere Ergebnisse erzielen wirst. Darüber hinaus sind ein Handrührgerät, ausreichend große Schüsseln zum Arbeiten und Gefrierbehälter zur Aufbewahrung des Eises wichtig. Der Schneebesen ist vor allem dann essenziell, wenn das Eis ohne entsprechende Maschine hergestellt wird. Mehr ist nicht nötig – außer vielleicht noch eine gute Eismaschine, falls du dein Eis auf die einfachste und schnellste Weise zubereiten möchtest.

Zum Umrühren des Eises solltest du wahlweise einen Schneebesen oder aber einen großen Holzlöffel verwenden. Wichtig ist zudem, dass die Behälter für die Zubereitung und Aufbewahrung der Eismasse wirklich groß genug sind. Die Zubereitung von Eis in einem sehr schwachen Mixer kann ein wenig schwierig sein, da es dann länger dauert oder der Mixer vielleicht heiß laufen wird. Mit einem Food Processor, einem starken Mixer oder dem Thermomix gelingt die Herstellung von Eis aber ohne weitere Schwierigkeiten.

Ein wenig mehr ist hingegen bei den Zutaten zu beachten, damit der Geschmack sowie die Konsistenz deines selbstgemachten Eises stimmen. Bei klassischem Sahneeis sind Sahne und Milch, im Normalfall Vollmilch mit einer entsprechend hohen Fettstufe, die Grundzutaten. Hier lohnt es sich tatsächlich, auf die Qualität zu achten und hochwertige Produkte zu kaufen, die am besten frisch sind. Das gilt nicht nur für die Milchprodukte, sondern auch für Eier, falls diese verwendet werden.

Frische Eier geben einen besseren Geschmack und sorgen nicht zuletzt dafür, dass das Eis cremiger wird.

Letztendlich ist bei der Eisherstellung nur wenig zu beachten, da es dank einiger Handgriffe gar nicht so schwierig ist, cremiges und leckeres Eis herzustellen. Dieses weicht geschmacklich ohne Frage um Welten vom industriell hergestellten Eis ab, welches voller Zusatzstoffe steckt, die für die cremige Konsistenz sorgen. Daher ist die etwas weniger cremige Konsistenz beim selbstgemachten Eis erst einmal nichts Schlimmes, da schließlich bedacht werden sollte, dass hier ohne Zusatzstoffe gearbeitet wurde, was in jedem Fall gesünder ist. Gerade bei allen Arten von Allergien oder Unverträglichkeiten sowie im Hinblick auf eine gesunde Ernährung ist dieser Punkt schließlich von großer Bedeutung. In dieser Hinsicht ist selbstgemachtes Eis, ganz egal, ob mit oder ohne Eismaschine hergestellt, sicherlich unschlagbar.

Low-Carb-Eis

Sogar die Zubereitung von Low-Carb-Eis ist ohne Probleme möglich und fällt bei Verwendung der richtigen Zutaten sowie bei der entsprechenden Herstellung sehr lecker aus. Wichtig ist vor allem, bei der Zubereitung von Low-Carb-Eis keinerlei Zucker zu verwenden. Alternativen wie Xylit sind hier eher geeignet. Es sollte bei den Alternativen allerdings genau nachgeschaut werden, denn beispielsweise Honig und Agavendicksaft verfügen über einen hohen Zuckergehalt. Der Vorteil beim Beachten einer Low-Carb-Ernährungsweise ist sicherlich die Tatsache, dass vollfette Milch, Sahne und Eier ohne Probleme gegessen werden können. Dennoch ist der Kohlenhydratanteil bei den meisten Eissorten nicht ganz so niedrig, wie es bei anderen Low-Carb-Gerichten möglich ist. Das liegt vor allem daran, dass einige Zutaten für besonders cremiges Eis schlichtweg erforderlich sind und es einen großen geschmacklichen Nachteil nach sich ziehen würde, bei diesen Zutaten zu sparen. Ganz ohne ein Süßungsmittel oder süßes Obst geht es im Normalfall auch nicht, wenn das Eis richtig gut schmecken soll. Übrigens gibt es in diesem Buch ebenfalls ein Kapitel mit Low-Carb-Eisrezepten von fruchtig bis schokoladig – denn selbst im Rahmen einer kohlenhydratarmen Ernährung sollte ein wenig Eis ab und an nicht fehlen.

Veganes Eis

Klassisches Eis besteht vielleicht aus Sahne, Milch und Eiern. Doch es gibt ebenso genug Varianten, bei denen nur Früchte, Wasser, Zucker und andere Zutaten eine Rolle spielen. Veganes Eis ist besonders für all diejenigen interessant, die an einer Laktoseintoleranz leiden und aus diesem Grund auf Milchprodukte verzichten sollten. Milch lässt sich sogar beim Eis wunderbar durch Hafermilch, Mandelmilch, Cashewmilch oder Kokosmilch ersetzen. Der Geschmack leidet nicht unter dem Ersatzprodukt und es gibt mittlerweile sogar aufschlagbare vegane Sahnealternativen. Anstelle von klassischem Naturjoghurt kann auch ohne Weiteres Sojajoghurt verwendet werden. Hier lohnt es sich sowohl bei einer entsprechenden Intoleranz als auch bei einer veganen Ernährungsweise, solche Milchalternativen ruhig einmal auszuprobieren.

Gesunde Alternativen zu weißem Zucker sind unter anderem in der Kategorie der veganen Rezepte zu finden, genauso wie Optionen für veganes Vanilleeis und Frozen Yogurt ohne tierische Zutaten. Es ist daher nicht nur möglich, bei der Eisherstellung ohne industrielle Zusatzstoffe auszukommen, sondern nach Wunsch sogar ohne tierische Inhaltsstoffe. Leckeres und cremiges Eis sollte natürlich trotzdem das Ergebnis sein und wird durch die entsprechende Zubereitung tatsächlich erzielt.

Zuckerfreies Eis

Industriezucker in Form von weißem Zucker oder Puderzucker wegzulassen, ist schon längst eine Methode, die in der gesunden Ernährung zum Einsatz kommt. Das konsequente Weglassen dieser Art von Süßungsmittel bringt viele Vorteile für die Figur und die Gesundheit mit sich. Da aber beim Eis der Zucker als Grundzutat angesehen wird, scheint es gar nicht so einfach zu sein, diesen zu ersetzen. Zumindest ist das auf den ersten Blick der Fall. Schließlich sorgt ja erst der Zucker für die cremige, zartschmelzende Konsistenz des Eises. Zum Glück schaffen Früchte wie Bananen, die über einen hohen Zuckeranteil verfügen, das Gleiche und können das Eis auf viel gesündere Art und Weise cremig machen.

Bei vielen Eissorten mit Früchten kannst du den Zucker beispielsweise einfach durch die Früchte an sich ersetzen, die schließlich ebenfalls süß sind. Gute Alternativen sind außerdem Agavendicksaft, Ahornsirup, Honig, Kokosblütenzucker und Reissirup, um nur einige Beispiele zu nennen. Nicht immer lässt sich Zucker eins zu eins durch eine solche Alternative ersetzen, da dann vielleicht die Farbe des Eises, die Konsistenz oder der Geschmack beeinflusst werden. In diesem Buch findest du aber natürlich zahlreiche zuckerfreie und gesündere Eisrezepte, in denen anstelle von weißem Zucker passende Alternativen verwendet werden. Auf den Genuss musst du selbstverständlich trotzdem nicht verzichten. Obwohl sich die Kalorienanzahl pro Portion durch die Verwendung von beispielsweise Honig oder Agavendicksaft nur geringfügig verringert, ist das Endergebnis dennoch viel gesünder und somit weit eher zu empfehlen. Viele Zuckeralternativen bringen außerdem eine besondere, exotische Note mit sich und verfeinern das Eis eher, als es unangenehm schmecken zu lassen.

Tipps und Tricks
für das perfekte Eis

Die leckeren Grundrezepte für Eis findest du in den nächsten Kapiteln. Doch es wäre sicherlich sehr schade, wenn zwar die Zutaten und die Rezepte passen, jedoch bei der Zubereitung einiges schiefgeht. Aus diesem Grund findest du an dieser Stelle zunächst noch einige zusätzliche Tipps für das perfekte Eis – ganz egal, ob du klassisches Sahneeis, Eis am Stiel, Nana Ice Cream oder Eisdesserts bevorzugst. Damit das perfekte Eis gelingt, müssen bei der Herstellung einige Kriterien beachtet werden. Das ist zum Glück viel einfacher, als viele es annehmen. Beachte folgende Tipps und Tricks und starte direkt mit dem Herstellen der verschiedenen Eissorten:

1. Umrühren nicht vergessen

Kein Eis wird cremig, wenn es nicht regelmäßig umgerührt wird. Erst durch den Rührprozess in der Eismaschine oder mit einem Schneebesen beim Einfrieren in der Tiefkühltruhe gelangt Luft in das Eis. Genau diese Luft sorgt für eine cremige Konsistenz, so dass ein selbstgemachtes Eis ohne ausreichend Geduld und Muskelkraft recht schnell zu einer harten Masse gefriert.

2. Die Haltbarkeit beachten

Wer selbstgemachtes Eis länger in der Gefriertruhe aufbewahren möchte, weil dieses nicht sofort ganz aufgegessen wird, sollte auf die Haltbarkeit der verwendeten Zutaten achten. So ist Eis mit Eigelb beispielsweise ganz besonders cremig, jedoch nur rund ein bis zwei Wochen haltbar. Als Faustregel gilt, dass die Haltbarkeit des Eises stark von den verwendeten Zutaten abhängt. Handelt es sich um länger haltbare Zutaten, kann das Eis auch etwas länger aufbewahrt werden.

Da aber schon nach nur zwei Tagen ein deutlicher Qualitätsverlust bei selbstgemachtem Eis festzustellen ist, sollte es möglichst schnell verzehrt werden. Falls du bei Sahneeis eine eigenartige klebrige Hülle bemerkst und Wassereis schnell zu harten Klumpen wird, solltest du das Eis ein wenig schneller aufbrauchen. Es handelt sich dabei um klassische Anzeichen von Eis, das zu lange aufbewahrt wurde.

3. Reihenfolge der verwendeten Zutaten einhalten

Die genaue Reihenfolge bei der Zugabe der Zutaten einzuhalten, kann schnell als ermüdend empfunden werden. Doch gerade bei der Eisherstellung ist dieser Punkt wirklich wichtig, da die Masse sonst klumpig oder zu matschig werden kann. Wenn die einzelnen Schritte eingehalten werden, kommen die Zutaten genau zum richtigen Moment zum Einsatz und können sich im Anschluss besser verbinden.

4. Die Zuckermenge macht den Unterschied

Je mehr Zucker enthalten ist, desto cremiger wird tatsächlich das Eis. Der Grund dafür ist, dass Zucker eine Art Frostschutzmittel darstellt und dafür sorgt, dass die Eismasse nicht mit großen Eiskristallen durchfriert. Bei der Verwendung von zu viel Zucker friert das Eis dagegen nicht richtig durch und bei zu wenig Zucker entstehen Eiskristalle. Das genaue Einhalten der Menge an Zucker, die im Rezept genannt wird, ist daher entscheidend – wer auf Zucker verzichten möchte, kann zuckerreiche Obstsorten wie Bananen und Mangos genau wie Avocados und andere Süßungsmittel nutzen. Eis mit Avocado oder Kokoscreme wird zum Beispiel ebenfalls sehr cremig, was durch den hohen Fettgehalt erklärbar ist.

5. Die Temperatur der Gefriertruhe

Speiseeis gefriert bei einer Temperatur von -18 Grad. Allerdings wird das Eis durch die sehr niedrige Temperatur recht hart und muss vor dem Verzehr erst einmal rund 30 Minuten antauen. Eine Alternative ist der Trick der veränderten Temperatur der Gefriertruhe. Diese kann zum Beispiel auf -15 Grad eingestellt werden, damit das Eis etwas weicher bleibt und sofort verzehrfertig ist.

6. Die Eismaschine nicht zu voll machen

Bei der Verwendung einer Eismaschine muss diese mit der richtigen Menge befüllt werden. Optimal ist es, die Eismaschine zu zwei Drittel zu füllen. Auf diese Weise kann die Masse sich ausdehnen und die für eine cremige Konsistenz so wichtige Luft aufnehmen.

7. Alkohol kurz vor Ende zugeben

Wenn in einem Rezept Alkohol vorkommt, sollte dieser erst kurz vor dem Ende der Gefrierzeit hinzugegeben werden. Das ist besonders wichtig, da gerade hochprozentige Sorten einen sehr niedrigen Gefrierpunkt haben und dafür sorgen, dass die Eismasse nicht mehr so stark gefriert. Bedeutsam ist außerdem, dass nur wenig Alkohol dazugegeben wird, da sein intensiver Geschmack sonst schnell die anderen Zutaten überdecken kann.

8. Eher fettreiche Milchprodukte nutzen

Zum einen ist Fett ein bedeutender Geschmacksträger und sorgt erst für den Geschmack und die Konsistenz des Eises. Dadurch wird dieses noch cremiger und der Geschmack von Früchten und anderen Zutaten wird optimal unterstrichen.

111 Eisrezepte
mit und ohne Eismaschine

Die folgenden Rezepte können alle mit oder ohne Eismaschine hergestellt werden. Bei der Herstellung in der Eismaschine ist vor allem die Anleitung der jeweiligen Maschine zu beachten, da es je nach Maschine abweichende Angaben gibt. Beim Herstellen von Eis ohne Eismaschine sollte unbedingt die Masse mehrfach, wie in den vorherigen Kapiteln beschrieben, umgerührt werden, damit die Masse nicht zu einem harten Block gefriert.

Die Eisrezepte sind in Unterkategorien aufgeteilt, so dass für jeden Geschmack passende Optionen dabei sind – ganz egal, ob es sich um klassische Rezepte, Sorbets, veganes Eis, Low-Carb-Eis oder um Eis-Shakes handelt. Eis am Stiel, kinderfreundliche Optionen und köstliche Eisdesserts sind ebenfalls separate Kategorien, die für viel Abwechslung sorgen.

Klassiker und italienische Lieblinge

ERDBEEREIS

Nährwerte: 92 kcal | 14 g Kohlenhydrate | 1 g Eiweiß | 3 g Fett

<u>Zutaten für etwa 6 Portionen</u>:

150 g Erdbeeren
50 ml Sahne
125 ml Milch
70 g (Puder-)Zucker
2 EL Zitronensaft

<u>Zubereitung</u>:

1. Erdbeeren im ersten Schritt zusammen mit dem Zucker pürieren.
2. Milch und Zitronensaft unterrühren, Sahne steif schlagen und unterrühren.
3. In einen Gefrierbehälter (oder in eine Eismaschine) geben und rund 4 Stunden einfrieren, bevor es verzehrt wird.

SCHOKOLADENEIS

Nährwerte: 199 kcal | 14 g Kohlenhydrate | 2 g Eiweiß | 16 g Fett

Zutaten für etwa 6 Portionen:

100 ml Milch
200 ml Sahne
50 g Vollmilchschokolade
50 g Zartbitterschokolade (mind. 70% Kakaogehalt)
1 TL Puderzucker

Zubereitung:

1. Beide Schokoladensorten in die Milch geben und in einem Topf schmelzen lassen.
2. Sahne zusammen mit dem Puderzucker steif schlagen und unter die schokoladige Milch rühren.
3. Anschließend wird die Masse in einem Gefrierbehälter für mindestens 4 Stunden eingefroren oder in eine Eismaschine gegeben.

STRACCIATELLA-EIS

Nährwerte: 603 kcal | 55 g Kohlenhydrate | 8 g Eiweiß | 37 g Fett

Zutaten für 6 Portionen:

450 ml Milch
450 ml Sahne
200 g Zucker
210 g Raspelschokolade (Zartbitter)
3 Eigelb
1,5 Vanilleschoten
2 Prisen Salz

<u>**Zubereitung:**</u>

1. Erhitze die Milch mit Zucker und Salz in einem Topf und gebe das ausgeschabte Mark der Vanilleschoten dazu.
2. Mit geschlossenem Deckel für 45 Minuten ziehen lassen, dann die Eigelbe verquirlen und unter die Mischung ziehen.
3. Unter Rühren bei mittlerer Temperatur eindicken lassen und in der Zwischenzeit eine Schüssel mit Eiswasser bereitstellen.
4. Die Sahne in eine Schüssel füllen, die Schüssel in das Eiswasser stellen und dann die eingedickte Mischung der Milch nach und nach unterrühren.
5. Abkühlen lassen und dann für etwa 60 Minuten in die Eismaschine geben. 5 Minuten vor Ende der Kühlzeit wird die Raspelschokolade für den typischen Stracciatella-Look untergehoben.

VANILLEEIS

Nährwerte: 326 kcal | 27 g Kohlenhydrate | 6 g Eiweiß | 22 g Fett

<u>**Zutaten für 6 Portionen:**</u>

300 ml Milch
300 g Sahne
130 g Zucker
6 Eigelb
2 Vanilleschoten
1 Prise Salz

<u>**Zubereitung:**</u>

1. Schlage im ersten Schritt die Eigelbe mit Zucker und Salz auf.
2. Erhitze dann Milch und Sahne in einem Topf, ohne sie zum Kochen zu bringen. Rühre das ausgekratzte Mark der Vanilleschoten unter.
3. Rühre dann die Eiermischung unter, erhitze die Mischung auf mittlerer Temperatur und lasse sie dann abkühlen.
4. Für rund 50 Minuten in die Eismaschine geben.

PISTAZIENEIS

Nährwerte: 211 kcal | 21 g Kohlenhydrate | 9 g Eiweiß | 25 g Fett

Zutaten für 10 Portionen:

100 g ungesalzene Pistazienkerne
50 g Marzipanrohmasse
250 ml Milch
200 g Sahne
80 g Zucker
2 Eier

Zubereitung:

1. Pistazien zunächst aus ihrer Schale holen.
2. Wasser in einem Topf erhitzen, Pistazien für 3 Minuten hineingeben und dann abschrecken. Jetzt fällt es leichter, die Haut abzuziehen.
3. Pistazien mit der Milch pürieren und die Mischung dann in einem Topf aufkochen lassen.
4. Pistazienmilch abkühlen lassen und zusammen mit dem Marzipan pürieren.
5. Zucker, Eier und Sahne ebenfalls unterrühren, alles pürieren und in der Eismaschine in rund 40 Minuten zu cremigem Pistazieneis verarbeiten.

WALNUSSEIS

Nährwerte: 180 kcal | 20 g Kohlenhydrate | 11 g Eiweiß | 22 g Fett

<u>Zutaten für 10 Portionen:</u>

80 g Walnusskerne
200 ml Sahne
80 ml Milch
90 g Zucker
3 Eigelb + 1 Eiweiß
3 EL Ahornsirup

<u>Zubereitung:</u>

1. Zuerst die Walnüsse fettfrei in einer Pfanne anrösten.
2. Jetzt die Hälfte der Nüsse hacken und die andere reiben.
3. Nüsse mit Milch und Ahornsirup in der Pfanne erhitzen und abkühlen lassen.
4. Eiweiß und Sahne getrennt voneinander steif schlagen und Zucker mit Eigelben schaumig rühren.
5. Alle Zutaten vorsichtig vermengen und das Walnusseis für etwa 40 Minuten in die Eismaschine geben.

KARAMELLEIS

Nährwerte: 143 kcal | 21 g Kohlenhydrate | 5 g Eiweiß | 12 g Fett

Zutaten für etwa 10 Portionen:

200 ml Sahne
125 ml Milch
125 g Zucker
3 Eier
2 EL Wasser

Zubereitung:

1. Karamellisiere den Zucker unter ständigem Rühren in einer Pfanne.
2. Sobald der Zucker hellbraun ist, kommen erst das Wasser und dann die Sahne hinzu.
3. Klümpchenfrei rühren, abkühlen lassen und dann die Milch unterrühren.
4. Kaltstellen und dann die Eier mit einem Schneebesen unterrühren.
5. Für rund 40 Minuten in die Eismaschine geben.

BROMBEEREIS

Nährwerte: 136 kcal | 30 g Kohlenhydrate | 5 g Eiweiß | 10 g Fett

Zutaten für etwa 12 Portionen:

350 g Brombeeren
200 ml Sahne
250 ml Milch
150 g Zucker
2 Eier
1 EL Wasser

10 Blätter Minze nach Geschmack

<u>Zubereitung:</u>

1. Lasse die Brombeeren mit 50 Gramm Zucker und 1 EL Wasser in einem Topf einkochen.
2. Dann die Masse durch ein feines Sieb streichen und abkühlen lassen.
3. Jetzt wird die Brombeermasse mit allen weiteren Zutaten fein püriert und für rund 40 Minuten in die Eismaschine gegeben oder für rund 5 Stunden in einem Gefrierbehälter eingefroren.

NOUGATEIS

Nährwerte: 230 kcal | 18 g Kohlenhydrate | 5 g Eiweiß | 15 g Fett

Zutaten für etwa 10 Portionen:

200 ml Sahne
250 ml Milch
50 g Puderzucker
200 g Nussnougat-Rohmasse
3 Eier

Zubereitung:

1. Lasse Sahne, Milch und Puderzucker in einem Topf aufkochen.
2. Hitze herunterstellen, Nougat in Stücken hinzugeben und schmelzen lassen.
3. Erst die entstandene Masse abkühlen lassen und dann die Eier mit einem Schneebesen unterrühren.
4. Gebe das Nougateis für etwa 35 Minuten in die Eismaschine oder friere es für mehrere Stunden in einem Gefrierbehälter ein.

NUTELLA-EIS

Nährwerte: 120 kcal | 20 g Kohlenhydrate | 2 g Eiweiß | 10 g Fett

Zutaten für etwa 10 Portionen:

100 g Nutella
200 g Sahne
1 EL Zucker (optional)
1 Ei

Zubereitung:

1. Sahne erwärmen und Nutella und Zucker darin schmelzen lassen.
2. In der noch warmen Masse das Ei unterrühren, alles kaltstellen und dann für rund
40 Minuten in die Eismaschine geben.

KOKOS-EIS

Nährwerte: 255 kcal | 15 g Kohlenhydrate | 3 g Eiweiß | 20 g Fett

<u>Zutaten für 8 Portionen:</u>

400 ml Kokosmilch
150 ml Sahne
100 ml Wasser
100 g Zucker
50 g Kokosflocken
3 Eigelb

<u>Zubereitung:</u>

1. Koche die Kokosmilch mit dem Wasser auf und lasse die Mischung abkühlen.
2. Eigelbe mit Zucker schaumig rühren und die Kokosflocken unterrühren.
3. Rühre jetzt die Kokosmilch-Mischung unter die Eiermischung und lasse alles aufkochen und auf dem Herd eindicken. Etwas abkühlen lassen.
4. Am Ende die Sahne unterrühren und das Eis im Kühlschrank kaltstellen, bis es für rund 40 Minuten in die Eismaschine gegeben wird.

AMARENA-EIS

Nährwerte: 118 kcal | 17 g Kohlenhydrate | 2 g Eiweiß | 5 g Fett

Zutaten für etwa 10 Portionen:

300 ml Sahne
200 g Joghurt
100 g Zucker
1 Päckchen Vanillezucker
1 Eiweiß
10 Amarenakirschen

Zubereitung:

1. Sahne, Joghurt und beide Zuckersorten verrühren.
2. Eiweiß steif schlagen, unterheben und die Masse für 40 Minuten in die Eismaschine geben.
3. Amarenakirschen klein schneiden und kurz vor dem Ende der Kühlzeit mit in die Eismaschine geben.

ZITRONIGES SAUERRAHMEIS

Nährwerte: 157 kcal | 16 g Kohlenhydrate | 2 g Eiweiß | 9 g Fett

Zutaten für etwa 10 Portionen:

500 ml Saure Sahne
150 g Puderzucker
Saft und Schale von 2 Bio-Zitronen

Zubereitung:

1. Die vier Zutaten gründlich vermischen, einfrieren und nach rund 4 Stunden genießen.

ZITRONENEIS

Nährwerte: 113 kcal | 18 g Kohlenhydrate | 18 g Eiweiß | 1 g Fett

Zutaten für etwa 10 Portionen:

450 g Joghurt
200 ml Zitronensaft (frisch gepresst)
150 g Puderzucker
4 Eiweiß
1 Prise Salz

Zubereitung:

1. Joghurt, 50 Gramm Puderzucker und Zitronensaft cremig rühren und dann kaltstellen.
2. Eiweiß steif schlagen, restlichen Zucker und die Prise Salz unterrühren und alles zur Joghurtmasse geben.
3. Für rund 40 Minuten in die Eismaschine geben. Nach Wunsch kann noch geriebene Zitronenschale (von unbehandelten Zitronen) dazugegeben werden.

AFTER-EIGHT-EIS

Nährwerte: 215 kcal | 25 g Kohlenhydrate | 9 g Eiweiß | 11 g Fett

Zutaten für etwa 6 Portionen:

150 ml Milch
80 g Crème double
80 g Zucker
3 Eier
8 Blätter Minze
8 Täfelchen After-Eight-Schokolade

2 Tropfen grüne Lebensmittelfarbe nach Wunsch

<u>Zubereitung:</u>

1. Milch und Crème double in einem Topf erhitzen, ohne sie zum Kochen zu bringen.
2. Eier und Zucker mit einem Handrührgerät cremig aufschlagen und mit in den Topf geben.
3. Alles bei niedriger Hitze einkochen lassen.
4. Minzblätter klein schneiden und unterrühren. Den Topf erst 2 Stunden ruhen lassen und dann für mindestens 1 Stunde kaltstellen.
5. Alles durch ein Sieb streichen, um die Minze wieder zu entfernen und nach Wunsch Lebensmittelfarbe dazugeben.
6. Für 40 Minuten in die Eismaschine geben und kurz vor dem Ende der Einfrierzeit gehackte After-Eight-Tafeln mit dazugeben. Nach Wunsch mit After-Eight-Stückchen bestreut servieren.

Eis am Stiel

SCHWARZ-WEIßES SCHOKOLADENEIS AM STIEL

Nährwerte: 185 kcal | 14 g Kohlenhydrate | 2 g Eiweiß | 13 g Fett

Zutaten für 6 Portionen:

100 g weiße Schokolade
225 g Sahne
1 unbehandelte Limette
150 g Zartbitterschokolade (für den Überzug)

Zubereitung:

1. Von der gut gewaschenen Limette brauchst du 1 TL abgeriebene Schale sowie den Saft.
2. 100 Gramm Sahne unter Rühren erwärmen und die in Stücke gebrochene weiße Schokolade vorsichtig darin schmelzen. Ständig rühren, damit die Creme nicht anbrennt.
3. Limettenschale und -saft mit der restlichen Sahne und der Schokoladencreme verrühren. Masse auf Formen verteilen, Eisstiele anbringen und mindestens 5 Stunden gefrieren lassen.
4. Für den knackigen Überzug das Eis aus der Form nehmen und kurz in die im Wasserbad geschmolzene Zartbitterschokolade tauchen. Eis aufrecht in einen Eierkarton mit kleinen Schlitzen stecken und zum Fixieren des Überzugs nochmals kurz einfrieren.

RHABARBER-SAUERRAHM-EIS AM STIEL

Nährwerte: 206 kcal | 14 g Kohlenhydrate | 2 g Eiweiß | 15 g Fett

Zutaten für 6 Portionen:

100 g Schmand
150 g Sauerrahm
100 ml Sahne
100 ml Wasser
50 ml Rhabarbersirup
40 g Puderzucker
Mark von ¼ Vanilleschote
Saft von ½ Zitrone

Zubereitung:

1. Schmand mit Sauerrahm, Puderzucker, Vanillemark und Zitronensaft mit einem Schneebesen verquirlen, Sahne auf dem Herd kurz aufkochen und unter die Creme geben, erneut kräftig verrühren.
2. Die Eisformen mit der Masse befüllen (¼ der Formen bleibt jeweils leer) und für 30 Minuten anfrieren lassen.
3. Den Rhabarbersirup mit dem Wasser strecken und auf die angefrorene Rahm-Mischung geben, so dass die Formen nun komplett gefüllt sind.
4. Eisstiele anbringen und für mindestens 3 Stunden ins Gefrierfach stellen.

KIWI-EIS AM STIEL

Nährwerte: 40 kcal | 9 g Kohlenhydrate | 1 g Eiweiß | 1 g Fett

Zutaten für 6 Portionen:

5 reife Kiwis

22 g brauner Zucker
1 Limette

<u>Zubereitung:</u>

1. Kiwis schälen, eine davon in ganz dünne Scheiben schneiden und damit die Eisformen auslegen. Die anderen zusammen mit dem Zucker vorsichtig pürieren. Zu viele pürierte Kerne machen die Masse bitter und sollten daher vor der weiteren Verarbeitung entfernt werden.
2. Limette auspressen und den Saft zur Mischung geben.
3. Alles auf die Kiwischeiben füllen, Eisstiele hineinstecken und für mindestens 3 Stunden ins Gefrierfach stellen.

GIN-TONIC-EIS AM STIEL

Nährwerte: 150 kcal | 22 g Kohlenhydrate | 3 g Eiweiß | 1 g Fett

<u>Zutaten für 6 Portionen:</u>

100 ml Saft einer frischen Zitrone
150 ml Gin
450 ml Tonic Water
½ Gurke
80 g Puderzucker

<u>Zubereitung:</u>

1. Tonic Water in einem Gefäß kräftig rühren, bis die Kohlensäure entwichen ist.
2. Die Zitrone auspressen und 100 ml Saft zum Tonic Water geben, Gin und Puderzucker ebenfalls untermengen.
3. Die halbe Gurke gut waschen und in sehr feine Scheiben schneiden. Davon jeweils einige in jede Eisform geben, mit der Flüssigkeit auffüllen und die Stiele hineinstecken.
4. Die Popsicles im Gefrierfach für mindestens 4 Stunden erkalten lassen.

ANANAS-EIS AM STIEL

Nährwerte: 161 kcal | 17 g Kohlenhydrate | 2 g Eiweiß | 9 g Fett

Zutaten für 6 Portionen:

375 g Ananasfruchtfleisch
150 g zuckerfreie Kokosnusscreme
37 g Reissirup
75 g Himbeeren
Saft einer Limette

Zubereitung:

1. Die Kokosnusscreme mit dem Reissirup vermengen, zusammen mit dem Fruchtfleisch und dem Limettensaft fein pürieren.
2. Fruchtmasse in die Formen geben und jeweils ein paar gewaschene, trocken getupfte Himbeeren mit hineinsinken lassen.
3. Eisstiele anbringen und alles 3 Stunden ins Gefrierfach stellen.

KIBA-EIS AM STIEL

Nährwerte: 60 kcal | 10 g Kohlenhydrate | 1 g Eiweiß | 1 g Fett

Zutaten für 6 Portionen:

1 reife Banane
9 EL Kirschsaft
75 g Sahnejoghurt
1 ½ EL Zitronensaft
1 ½ Päckchen Bourbon-Vanillezucker

Zubereitung:

1. Jede Eisform mit etwa 1 ½ EL Kirschsaft füllen und 30 Minuten ins Gefrierfach stellen.
2. Die Banane mit Joghurt, Zitronensaft und Vanillezucker fein pürieren.
3. Zuletzt die Masse auf den Kirschsaft in den Formen geben und für 2 Stunden gefrieren lassen.

BESCHWIPSTES APRIKOSEN-EIS AM STIEL

Nährwerte: 42 kcal | 9 g Kohlenhydrate | 1 g Eiweiß | 0 g Fett

Zutaten für 6 Portionen:

350 g reife Aprikosen, alternativ 1 Dose (425 ml)
3 EL Aperol (für die alkoholfreie Variante Orangensaft verwenden)
2 EL Puderzucker
1 EL Zitronensaft
einige Minzblätter

Zubereitung:

1. Frisches Obst mit kochendem Wasser abbrühen, kalt abschrecken, schälen und halbieren. Dosenobst abtropfen lassen.
2. Aprikosen mit Aperol, Puderzucker und Zitronensaft pürieren.
3. Minze waschen, trocken schütteln und fein schneiden, dann unter die Masse heben.
4. Formen befüllen, Eisstiele hineinstecken und mindestens 4 Stunden gefrieren lassen.

GRÜNES SMOOTHIE-EIS AM STIEL

Nährwerte: 135 kcal | 10 g Kohlenhydrate | 3 g Eiweiß | 1 g Fett

Zutaten für 6 Portionen:

1 Apfel
1 Gurke
½ Ananas
1 Handvoll Spinat
einige Blättchen Minze

Zubereitung:

1. Apfel, Gurke und Ananas schälen, etwas klein schneiden und mit Spinat und gewaschenen Minzblättern fein pürieren.
2. Das Fruchtpüree sollte circa 600 ml ergeben, ansonsten gegebenenfalls mit Wasser auffüllen.
3. In die Formen geben und mehrere Stunden gefrieren lassen.

ROTES SMOOTHIE-EIS AM STIEL

Nährwerte: 103 kcal | 20 g Kohlenhydrate | 2 g Eiweiß | 1 g Fett

Zutaten für 6 Portionen:

800 g Karotten
2 Orangen
1 Apfel

Zubereitung:

1. Karotten, Orangen und Apfel schälen, klein schneiden und pürieren.

2. In die Formen füllen und mehrere Stunden gefrieren lassen.

LAKRITZ-EIS AM STIEL

Nährwerte: 177 kcal | 14 g Kohlenhydrate | 2 g Eiweiß | 12 g Fett

<u>Zutaten für 6 Portionen:</u>

50 g Lakritz
250 g Sahne
30 g weiße Schokolade
1 EL Zucker

<u>Zubereitung:</u>

1. Den Zucker in 100 ml Wasser aufkochen, dann bei mittlerer Hitze die Lakritze darin unter konstantem Rühren vollständig auflösen.
2. Die in Stücke gebrochene Schokolade in der Lakritz-Mischung schmelzen. Alles für 20 Minuten abkühlen lassen, dann die Sahne unterrühren.
3. Die Masse direkt auf die Formen verteilen, Eisstiele hineinstecken und mindestens 5 Stunden im Gefrierfach kühlen.

Kalorienarm genießen: Sorbets und zuckerfreies Eis

ERDBEEREIS MIT JOGHURT

Nährwerte: 30 kcal | 3 g Kohlenhydrate | 1 g Eiweiß | 1 g Fett

Zutaten für 6 Portionen:

200 g Erdbeeren
150 g Joghurt
½ Banane
1 EL Ahornsirup
1 Prise Vanillepulver

Zubereitung:

1. Erdbeeren und die halbe Banane im Mixer oder mit einem Pürierstab fein pürieren.
2. Weitere Zutaten unterrühren, in Eisförmchen füllen und vor dem Verzehr für mindestens 3 Stunden einfrieren.

EXOTISCHES MANGO-KOKOS-EIS

Nährwerte: 80 kcal | 5 g Kohlenhydrate | 1 g Eiweiß | 5 g Fett

<u>Zutaten für 6 Portionen:</u>

80 g Mango, TK
80 g Ananas, TK
150 ml Kokosmilch
½ Banane
1 EL Ahornsirup
1 Prise Vanillepulver
1 EL Zitronensaft

<u>Zubereitung:</u>

1. Früchte fein pürieren, restliche Zutaten unterrühren und gut vermischen.
2. Die Masse in Eisförmchen füllen und vor dem Verzehr mindestens 3 Stunden einfrieren.

WASSERMELONENSORBET

Nährwerte: 50 kcal | 10 g Kohlenhydrate | 0 g Eiweiß | 0 g Fett

Zutaten für 10 Portionen:

1 kg Wassermelone (Gewicht mit Schale)
2 EL Agavendicksaft
Saft und Schale einer Limette

Zubereitung:

1. Das Fruchtfleisch der Wassermelone mit dem Saft und der Schale der Limette und dem Agavendicksaft pürieren.
2. In die Eismaschine geben oder für mindestens 5 Stunden im Gefrierbehälter einfrieren.

VEGANES HIMBEERSORBET

Nährwerte: 103 kcal | 22 g Kohlenhydrate | 0 g Eiweiß | 0 g Fett

Zutaten für etwa 8 Portionen:

500 g Himbeeren
160 g Zucker
150 ml Wasser
Schale ½ Bio-Zitrone

Zubereitung:

1. Koche erst das Wasser mit Zucker und der Zitronenschale in einem Topf auf.
2. Nach 5 Minuten die Zitronenschalen entfernen und die Mischung etwas abkühlen lassen.
3. Püriere die Himbeeren dann mit einer Hälfte dieser Mischung, streiche die Masse durch ein Sieb, damit keine Kerne mehr vorhanden sind, und rühre die restliche Zuckermischung unter.
4. Für mindestens 4 Stunden einfrieren.

BANANENSORBET

Nährwerte: 122 kcal | 23 g Kohlenhydrate | 0 g Eiweiß | 5 g Fett

Zutaten für etwa 8 Portionen:

350 g Bananen
250 ml Wasser
100 g Zucker
2 EL Ahornsirup
30 g Zartbitterschokolade
Saft einer Zitrone

<u>Zubereitung:</u>

1. Lasse erst das Wasser mit dem Zucker für rund 4 Minuten einkochen, bis ein Sirup entstanden ist. Dann sollte die Mischung erst einmal abkühlen.
2. Bananen in einem Mixer fein pürieren und dann alle weiteren Zutaten bis auf die Schokolade mit pürieren.
3. Für 40 Minuten in die Eismaschine geben und nach 10 Minuten gehackte Schokolade dazugeben. Die Schokolade kann natürlich genauso gut weggelassen werden, wenn ein leichteres Sorbet gewünscht wird.

ZITRONENSORBET

Nährwerte: 80 kcal | 21 g Kohlenhydrate | 0 g Eiweiß | 0 g Fett

<u>Zutaten für etwa 8 Portionen:</u>

350 ml Wasser
175 g Zucker
Saft und Schale von 2 Zitronen
1 Eiweiß

<u>Zubereitung:</u>

1. Wasser, Zucker, Zitronensaft- und Zitronenschalen kurz aufkochen lassen.
2. Abkühlen lassen, das Eiweiß steif schlagen und unterheben.
3. Für 30 Minuten in der Eismaschine einfrieren lassen.

HEIDELBEERSORBET

Nährwerte: 90 kcal | 15 g Kohlenhydrate | 0 g Eiweiß | 0 g Fett

Zutaten für etwa 8 Portionen:

250 ml Wasser
125 g Zucker
200 g Heidelbeeren
1 Eiweiß

Zubereitung:

1. Zucker und Wasser zusammen aufkochen und dann für 5 Minuten einköcheln lassen. Das Zuckerwasser sollte jetzt erst einmal abkühlen.
2. Heidelbeeren mit 2 EL Wasser für 4 Minuten einköcheln lassen und dann zusammen mit dem Zuckerwasser pürieren.
3. Eiweiß steif schlagen, unter die Masse heben und diese für etwa 30 Minuten in die Eismaschine geben.

ZUCKERFREIES MANGOSORBET

Nährwerte: 40 kcal | 8 g Kohlenhydrate | 0 g Eiweiß | 0 g Fett

Zutaten für etwa 8 Portionen:

2 reife Mangos
30 ml Agavendicksaft
Saft von ½ Zitrone
1 Eiweiß

Zubereitung:

1. Fruchtfleisch der Mango mit allen weiteren Zutaten fein pürieren. Eventuell etwas mehr Agavendicksaft nach Geschmack dazugeben.
2. Für rund 40 Minuten in die Eismaschine geben.

SCHNELLES ORANGENEIS

Nährwerte: 40 kcal | 9 g Kohlenhydrate | 0 g Eiweiß | 0 g Fett

<u>Zutaten für etwa 6 Portionen:</u>

Saft von 5 Orangen
1 EL Zitronensaft

<u>Zubereitung:</u>

1. Orangen- und Zitronensaft verrühren, für rund 4 Stunden einfrieren und dann servieren.

SCHOKOLADENSORBET MIT HONIG

Nährwerte: 200 kcal | 18 g Kohlenhydrate | 9 g Eiweiß | 10 g Fett

<u>Zutaten für etwa 8 Portionen:</u>

2 l Milch
20 Eiswürfel
6 EL zuckerfreies Kakaopulver
6 EL Honig

<u>Zubereitung:</u>

1. Zutaten gründlich pürieren und vor dem Servieren für mindestens 4 Stunden einfrieren.

MIRABELLEN-SEKT-SORBET

Nährwerte: 152 kcal | 26 g Kohlenhydrate | 1 g Eiweiß | 0 g Fett

<u>Zutaten für 4 Portionen:</u>

250 ml Sekt
300 g Mirabellen
100 ml ungezuckerter Apfelsaft
50 g Zucker
1 TL Limettensaft

<u>Zubereitung:</u>

1. Mirabellen gut waschen und entkernen. Mit Apfel- und Limettensaft kurz aufkochen und einige Minuten köcheln lassen. Topf vom Herd nehmen und dessen Inhalt pürieren.
2. Zucker und Sekt kräftig unterrühren. In der Eismaschine oder der Tiefkühltruhe frosten.

GURKEN-APFEL-SORBET

Nährwerte: 116 kcal | 26 g Kohlenhydrate | 1 g Eiweiß | 1 g Fett

Zutaten für 4 Portionen:

1 Salatgurke
200 ml Apfelsaft
6 EL Ingwersirup
1 Bio-Limette
1 TL Wasabi-Paste
etwas Salz
etwas grüner Pfeffer

Zubereitung:

1. Gurke schälen, Kerne entfernen und in Stücke schneiden. Limette heiß abwaschen, 1 TL Schale abreiben und 1 TL Saft auspressen.
2. Alles mit Apfelsaft, Ingwersirup und Wasabi pürieren. Mit Salz und grünem Pfeffer abschmecken. Für mehr Schärfe die Wasabi- und/oder Ingwermenge erhöhen.
3. In der Eismaschine oder im Gefrierfach unter häufigem Umrühren frosten.

BASILIKUM-SORBET

Nährwerte: 236 kcal | 54 g Kohlenhydrate | 3 g Eiweiß | 1 g Fett

Zutaten für 4 Portionen:

250 g Joghurt (3,5 % Fett)
200 g Zucker
20 g Basilikumblätter
1 Bio-Limette

<u>Zubereitung:</u>

1. Limette waschen, abtrocknen und die Schale abreiben. Abrieb zusammen mit dem Zucker und 200 ml Wasser erhitzen und köcheln lassen, bis sich die Menge reduziert hat und Sirup entstanden ist. Etwas abkühlen lassen.
2. Basilikumblätter waschen, trocken schütteln und mit dem Zuckersirup pürieren. Joghurt und etwas Limettensaft untermengen.
3. Für 4 Stunden im Gefrierfach frosten lassen und gelegentlich umrühren.

KÜRBIS-SORBET

Nährwerte: 252 kcal | 54 g Kohlenhydrate | 4 g Eiweiß | 2 g Fett

<u>Zutaten für 8 Portionen:</u>

1,5 kg Muskatkürbis
200 ml Orangensaft
150 g Zucker
2 Bio-Limetten
2,5 EL geriebener frischer Ingwer
Mark von 2 Vanilleschoten

<u>Zubereitung:</u>

1. Kürbis schälen, Kerne entfernen und in Würfel schneiden. Mit dem Zucker und Vanillemark für 20 Minuten leicht köcheln lassen. Währenddessen Limetten waschen, abtrocknen, Schale abreiben und Saft auspressen.
2. Topf von der Kochplatte nehmen. Orangensaft, Ingwer, Limettensaft und -schale hinzufügen und alles pürieren.
3. Mehrere Stunden gefrieren lassen.

TRAUBEN-WEIßWEIN-SORBET

Nährwerte: 143 kcal | 20 g Kohlenhydrate | 1 g Eiweiß | 0 g Fett

Zutaten für 5 Portionen:

- 350 ml heller Traubensaft
- 400 ml Weißwein
- 3 EL Zucker
- 1 Eiweiß

Zubereitung:

1. Eiweiß und Zucker kräftig schaumig schlagen und dabei langsam Traubensaft und Wein hinzugießen. Weiter rühren, bis die Masse gleichmäßig ist.
2. Für 4 Stunden gefrieren lassen und dabei regelmäßig umrühren.

APFEL-SELLERIE-SORBET

Nährwerte: 257 kcal | 22 g Kohlenhydrate | 6 g Eiweiß | 15 g Fett

Zutaten für 8 Portionen:

300 ml Sahne
200 ml Milch
100 g Zucker
2 Stangen Sellerie
200 g Apfelmus
100 ml Apfelsaft
2 Eier
5 Eigelb
Mark einer Vanilleschote
etwas Rum

Zubereitung:

1. Ganze Eier und die Eigelbe mit 50 Gramm Zucker in einer Schüssel überm Wasserdampf schaumig schlagen.
2. Sahne, Milch, Apfelsaft und -mus zusammen mit dem Vanillemark und dem restlichen Zucker aufkochen. Dann langsam die Eimasse unterziehen, bis eine gleichmäßige Creme entstanden ist.
3. Geputzte Stangensellerie in den Entsafter geben. Du benötigst 80 ml Saft.
4. Selleriesaft zur Creme geben und mit etwas Rum abschmecken. In der Eismaschine frosten lassen.

Frozen Yogurt

FROZEN YOGURT À LA CHEESECAKE

Nährwerte: 170 kcal | 30 g Kohlenhydrate | 6 g Eiweiß | 11 g Fett

Zutaten für etwa 6 Portionen:

100 g Frischkäse
375 g griechischer Joghurt
150 ml gesüßte Kondensmilch
Saft von ½ Limette
1 TL Vanilleextrakt
5 Butterkekse

Zubereitung:

1. Rühre erst den griechischen Joghurt mit Frischkäse und Kondensmilch zu einer cremigen Masse.
2. Limettensaft und Vanilleextrakt unterrühren und die Masse für rund 30 Minuten in die Eismaschine geben.
3. Die Butterkekse vor dem Servieren zerbröseln und über das Eis geben.

COOKIE-FROZEN-YOGURT

Nährwerte: 191 kcal | 19 g Kohlenhydrate | 1 g Eiweiß | 6 g Fett

Zutaten für etwa 10 Portionen:

1 kg Naturjoghurt
120 g Zucker
1 TL Vanilleextrakt
4 Eiweiß
10 Oreo-Kekse

Zubereitung:

1. Zuerst muss der Joghurt abtropfen. Dafür ein Sieb mit einem Tuch auslegen, über eine Schüssel stellen und den Joghurt in das Sieb geben. Für mindestens 6 Stunden abtropfen lassen.
2. Danach Eiweiß steif schlagen und erst Zucker und Vanilleextrakt unter den Joghurt rühren und dann die Eiweiße darunterheben. Für 40 Minuten in die Eismaschine geben.
3. Kekse fein reiben und nach 15 Minuten mit in die Eismaschine geben.

FROZEN YOGURT MIT BLAUBEEREN

Nährwerte: 149 kcal | 14 g Kohlenhydrate | 1 g Eiweiß | 4 g Fett

Zutaten für etwa 10 Portionen:

1 kg Naturjoghurt
120 g Zucker + 1 EL
1 TL Vanilleextrakt
4 Eiweiß
250 g Blaubeeren

Zubereitung:

1. Joghurt über Nacht abtropfen lassen.
2. Dann die Früchte mit 1 EL Zucker für 5 Minuten einkochen und abkühlen lassen.
3. Beeren fein pürieren, Eiweiß steif schlagen und Beeren, Zucker und Vanilleextrakt unter den Joghurt rühren.
4. Eiweiß darunterziehen und die Masse für gut 40 Minuten in die Eismaschine geben.

FROZEN YOGURT MIT ERDBEEREN

Nährwerte: 120 kcal | 12 g Kohlenhydrate | 0 g Eiweiß | 1 g Fett

Zutaten für etwa 4 Portionen:

600 g Erdbeeren, TK
300 g Naturjoghurt
2 EL Honig

Zubereitung:

1. Erdbeeren gründlich pürieren und dann Joghurt und Honig unterrühren.
2. Nach Wunsch kurz in das Gefrierfach geben oder nach Anleitung in der Eismaschine gefrieren lassen.

FROZEN YOGURT À LA MANGO LASSI

Nährwerte: 130 kcal | 16 g Kohlenhydrate | 1 g Eiweiß | 2 g Fett

Zutaten für etwa 4 Portionen:

600 g Mango, TK
400 g fettarmer griechischer Joghurt
Agavendicksaft oder Reissirup zum Süßen

Zubereitung:

1. Alles gründlich im Mixer pürieren, bis eine cremige Masse entstanden ist. Nach Geschmack süßen.
2. Sofort servieren oder einfrieren und vor dem Verzehr 30 Minuten antauen lassen.

KIRSCH-FROZEN-YOGURT

Nährwerte: 110 kcal | 22 g Kohlenhydrate | 1 g Eiweiß | 1 g Fett

Zutaten für etwa 6 Portionen:

450 g Kirschen, TK
150 g Sahnejoghurt
90 g Puderzucker
30 g Zartbitterschokolade

Zubereitung:

1. Kirschen und Puderzucker gründlich pürieren.
2. Joghurt unterziehen, alles für rund 1 Stunde einfrieren und bestreut mit gehackter Schokolade servieren.

VEGANES FROZEN YOGURT

Nährwerte: 60 kcal | 2 g Kohlenhydrate | 3 g Eiweiß | 2 g Fett

Zutaten für etwa 4 Portionen:

500 g Sojajoghurt
2 TL Vanillepulver
Süßungsmittel nach Geschmack (zum Beispiel Reissirup)

Zubereitung:

1. Sojajoghurt in Eiswürfelbehältern oder im Gefrierbehälter einfrieren und danach zusammen mit Süßungsmittel und Vanillepulver gründlich pürieren.
2. Sofort zusammen mit Toppings nach Wahl servieren. Hierfür eignen sich beispielsweise Früchte, gehackte Schokolade oder Nüsse.

Cremige vegane Eisrezepte

BLITZSCHNELLES BANANENEIS
Nährwerte: 210 kcal | 40 g Kohlenhydrate | 0 g Eiweiß | 0 g Fett

Zutaten für etwa 4 Portionen:

8 reife Bananen, in Scheiben eingefroren

Zubereitung:

1. Bananen im Mixer oder Food Processor so lange mixen, bis eine einheitliche Eiscreme entstanden ist.

VEGANES VANILLEEIS

Nährwerte: 330 kcal | 40 g Kohlenhydrate | 12 g Eiweiß | 30 g Fett

Zutaten für etwa 6 Portionen:

400 g Cashewkerne, für 1 Stunde einweichen
600 ml Hafer- oder Mandelmilch
160 g Agavendicksaft (oder Reissirup)
Mark von 4 Vanilleschoten

Zubereitung:

1. Alle Zutaten in einen Mixer geben und gründlich zu einer einheitlichen Masse mixen.
2. Für rund 20 Minuten in die Eismaschine oder für etwa 5 Stunden in das Gefrierfach geben.

VANILLEEIS MIT WEIßER SCHOKOLADE

Nährwerte: 320 kcal | 26 g Kohlenhydrate | 3 g Eiweiß | 21 g Fett

Zutaten für etwa 6 Portionen:

300 ml vegane Sahne
100 g Sojajoghurt
150 g vegane weiße Schokolade
60 g Puderzucker
Mark von 2 Vanilleschoten

Zubereitung:

1. Vegane Sahne in einem Topf aufkochen lassen, dann Vanillemark mit einem Schneebesen unterrühren.
2. Topf vom Herd nehmen, die Schokolade in Stücke brechen und langsam in der Masse schmelzen lassen.
3. Dann den Puderzucker ebenfalls einrühren, so dass er sich auflöst.
4. Abkühlen lassen, Joghurt unterrühren und alles in die Eismaschine geben oder in einem Gefrierbehälter für gut 5 Stunden einfrieren.

SCHOKOLADENEIS

Nährwerte: 380 kcal | 40 g Kohlenhydrate | 3 g Eiweiß | 30 g Fett

Zutaten für etwa 6 Portionen:

250 ml Sojamilch
250 ml Sojacreme
250 g vegane Zartbitterschokolade
5 EL Pflanzenöl
2 TL Vanilleextrakt

<u>Zubereitung:</u>

1. Sojamilch und Schokolade in einen Topf geben und unter Rühren erhitzen.
2. Sobald die Schokolade geschmolzen ist, kommen alle weiteren Zutaten dazu.
3. Abkühlen lassen, in die Eismaschine geben oder das Schokoladeneis für rund 6 Stunden in das Gefrierfach geben.

SCHOKOLADENEIS MIT KAFFEE

Nährwerte: 406 kcal | 36 g Kohlenhydrate | 10 g Eiweiß | 26 g Fett

<u>Zutaten für etwa 8 Portionen:</u>

300 ml Hafermilch
400 g Cashewkerne, mindestens 2 Stunden einweichen
250 ml Espresso
160 g Datteln
6 EL Kakaonibs

<u>Zubereitung:</u>

1. Eingeweichte Cashewkerne mit Hafermilch, Espresso und Datteln so lange in einem Mixer mixen, bis eine cremige Masse entsteht.
2. Kakaonibs unterrühren und die Masse wahlweise für 4 Stunden einfrieren oder in der Eismaschine zubereiten.

KOKOS-AVOCADO-EIS

Nährwerte: 388 kcal | 36 g Kohlenhydrate | 1 g Eiweiß | 27 g Fett

<u>Zutaten für etwa 6 Portionen:</u>

4 Avocados
500 ml Kokosmilch
250 ml Agavendicksaft
Saft von 1 Limette
2 Prisen Meersalz

Zubereitung:

1. Das Fruchtfleisch der Avocados mit Agavendicksaft pürieren und Limettensaft, Meersalz sowie Kokosmilch unterrühren.
2. Für 40 bis 60 Minuten in die Eismaschine geben oder für mindestens 4 Stunden einfrieren.

VEGANES ERDBEEREIS

Nährwerte: 180 kcal | 38 g Kohlenhydrate | 1 g Eiweiß | 0 g Fett

Zutaten für etwa 4 Portionen:

200 g Erdbeeren, TK
6 Bananen, in Scheiben eingefroren
120 ml ungesüßte Mandelmilch
1 TL Vanilleextrakt

Zubereitung:

1. Früchte und Vanilleextrakt im Mixer gründlich mixen und die Mandelmilch hinzugeben.
2. Nochmals mixen, bis ein cremiges Eis entstanden ist.

PAPAYA-NUSS-EIS

Nährwerte: 370 kcal | 26 g Kohlenhydrate | 0 g Eiweiß | 28 g Fett

<u>Zutaten für etwa 6 Portionen:</u>

4 reife Papayas
500 ml Kokosmilch
160 ml Agavendicksaft
80 g Pekannüsse
Saft von 2 Limetten
2 Prisen Meersalz

<u>Zubereitung:</u>

1. Zuerst das Fruchtfleisch der Papayas pürieren und dann Limettensaft, Kokosmilch, Agavendicksaft und Meersalz unterrühren.
2. Die Eismasse für 40 bis 60 Minuten in eine Eismaschine geben oder für mindestens 4 Stunden einfrieren.
3. Nüsse hacken, fettfrei in einer Pfanne anrösten und kurz vor dem Ende der Kühlzeit unter das Eis rühren.

MINZE-BANANEN-EIS

Nährwerte: 800 kcal | 60 g Kohlenhydrate | 4 g Eiweiß | 40 g Fett

<u>Zutaten für etwa 4 Portionen:</u>

10 Bananen, in Scheiben eingefroren
160 ml Kokoswasser
400 g vegane Zartbitterschokolade (mind. 80 % Kakao)
4 Handvoll frische Minze
2 EL Spirulina-Pulver

<u>Zubereitung:</u>

1. Zuerst Kokoswasser und Spirulina gründlich mixen und dann nach und nach die Bananen dazugeben.
2. Schokolade hacken, die Hälfte davon unter das Eis mischen und die andere Hälfte im Wasserbad schmelzen.
3. Minze hacken und mit unter das Eis mischen. Dieses mit geschmolzener Schokolade dekoriert servieren.

VEGANES MANGO-EIS

Nährwerte: 195 kcal | 17 g Kohlenhydrate | 1 g Eiweiß | 10 g Fett

<u>Zutaten für etwa 6 Portionen:</u>

4 reife Mangos, in Stücken eingefroren
2 reife Bananen, in Scheiben eingefroren
300 ml Kokosmilch
1 Prise Salz

<u>Zubereitung:</u>

1. Alle Zutaten gründlich in einem Mixer pürieren und im Anschluss für 2 Stunden in das Gefrierfach geben. Das Mango-Eis schmeckt ebenfalls sehr gut mit Cashewmilch.

MATCHA-EIS MIT PFEFFERMINZE

Nährwerte: 214 kcal | 27 g Kohlenhydrate | 5 g Eiweiß | 9 g Fett

Zutaten für 3 Portionen:

100 ml Mandeldrink
200 g aufschlagbare Sojacreme
4 Blätter frische Pfefferminze
50 g Rohrzucker
40 g Mandelmus
1 TL Matcha-Pulver

Zubereitung:

1. Mandeldrink mit Rohrzucker und Mandelmus erwärmen. Matcha-Pulver unterrühren und alles aufkochen. Vom Herd nehmen, ganze Pfefferminzblätter dazugeben und 20 Minuten in den Kühlschrank stellen.
2. Dann Pfefferminze herausnehmen, Masse mit Sojacreme aufschlagen und alles für 5 Stunden gefrieren lassen.

LAVENDEL-EIS

Nährwerte: 127 kcal | 29 g Kohlenhydrate | 1 g Eiweiß | 1 g Fett

Zutaten für 4 Portionen:

3 Bananen
125 g Heidelbeeren
150 ml Mandelmilch
1 TL frische Lavendelblüten

Zubereitung:

1. Bananen schälen, in Stücke schneiden und über Nacht einfrieren.
2. Am nächsten Tag zunächst Heidelbeeren, Mandelmilch und Lavendel mixen, dann mit den gefrorenen Bananen pürieren, bis eine einheitliche Masse entstanden ist.
3. Die Creme ist sofort verzehrfertig und wird nicht mehr eingefroren.

CASHEW-EIS MIT DATTELN

Nährwerte: 238 kcal | 20 g Kohlenhydrate | 6 g Eiweiß | 14 g Fett

Zutaten für 4 Portionen:

110 g Cashewkerne
250 ml Sojamilch
60 g weiche Datteln
1 TL Bourbon-Vanilleextrakt

Zubereitung:

1. Alle Zutaten im Mixer kräftig pürieren, bis sich eine cremige Masse ergibt.
2. Für 6 Stunden gefrieren und dabei regelmäßig umrühren, damit keine Eiskristalle entstehen.

Low-Carb-Eis

LOW-CARB-LATTE-MACCHIATO-EIS

Nährwerte: 330 kcal | 20 g Kohlenhydrate | 5 g Eiweiß | 25 g Fett

Zutaten für 6 Portionen:

450 ml Sahne
165 g Xylit
5 Eigelb
70 ml Milch
2 EL Espressopulver

Zubereitung:

1. Die Sahne locker aufschlagen, ohne dass sie steif wird.
2. Eigelb mit 150 Gramm Xylit (1 EL für später abmessen und zur Seite stellen) im Wasserbad zu einer homogenen Creme verrühren, anschließend unter die Sahne ziehen.
3. Masse im Tiefkühler gefrieren lassen oder in der Eismaschine verarbeiten.
4. Milch erhitzen, Xylit und Espressopulver darin auflösen und in abgekühltem Zustand unter die vorbereitete Eismasse ziehen. In der Eismaschine gefrieren oder für 6 Stunden in den Tiefkühler stellen.

LOW-CARB-CHIASAMEN-EIS

Nährwerte: 296 kcal | 17 g Kohlenhydrate | 4 g Eiweiß | 23 g Fett

<u>Zutaten für 3 Portionen:</u>

150 ml ungesüßte Mandelmilch
150 ml Kokosmilch
30 g Chiasamen
25 g Schokoladenraspel
25 g Kokosflocken
etwas Agavendicksaft oder Honig

<u>Zubereitung:</u>

1. Mandelmilch, Kokosmilch und Chiasamen vermengen, mit Agavendicksaft oder Honig abschmecken. Zum Quellen für 4 Stunden in den Kühlschrank stellen.
2. Anschließend die Schokoladenraspel und Kokosflocken unterrühren und alles zusammen im Tiefkühler gefrieren lassen.

LOW-CARB-MANGO-EIS

Nährwerte: 138 kcal | 19 g Kohlenhydrate | 12 g Eiweiß | 1 g Fett

<u>Zutaten für 6 Portionen:</u>

600 g Mango, TK
600 g Magerquark
2 TL Honig

<u>Zubereitung:</u>

1. Die noch gefrorenen Mangostücke zusammen mit Quark und Honig im Mixer kräftig verrühren.
2. Das cremige Eis ist sofort verzehrfertig und muss nicht mehr gekühlt werden.

LOW-CARB-ZIMT-EIS

Nährwerte: 322 kcal | 12 g Kohlenhydrate | 8 g Eiweiß | 26 g Fett

Zutaten für 4 Portionen:

200 ml Milch
300 ml Sahne
3 Eier
2 Messerspitzen Zimt
1 Messerspitze Lebkuchengewürz
Mark einer ½ Vanilleschote
3 EL Xylit

Zubereitung:

1. Die Sahne mit 1 ½ EL Xylit steif schlagen.
2. Die Eier mit den verbleibenden 1 ½ EL Xylit schaumig rühren. Milch, Zimt, Lebkuchengewürz und Vanillemark ebenfalls kräftig untermengen.
3. Die geschlagene Sahne unterziehen und für mindestens 8 Stunden gefrieren lassen.
4. Zum Anrichten mit Zimt bestäuben.

LOW-CARB-BEEREN-EIS MIT KOKOSMILCH

Nährwerte: 297 kcal 11 g Kohlenhydrate | 3 g Eiweiß | 25 g Fett

Zutaten für 6 Portionen:

500 g rote Beeren, TK
400 ml Kokosmilch
200 ml Sahne
Saft von 2 Limetten

100 g Erythrit in Puderform

<u>Zubereitung:</u>

1. Die gefrorenen Früchte etwas antauen lassen.
2. Anschließend zusammen mit den anderen Zutaten im Mixer pürieren.
3. Für etwa 30 Minuten in die Eismaschine geben oder im Gefrierfach frosten.

LOW-CARB-HASELNUSS-EIS

Nährwerte: 361 kcal | 11 g Kohlenhydrate | 8 g Eiweiß | 31 g Fett

<u>Zutaten für 4 Portionen:</u>

200 ml Sahne
3 EL Milch
2 Eier
100 g Haselnüsse
Mark einer ½ Vanilleschote
4 EL Xylit

<u>Zubereitung:</u>

1. Die Nüsse in einer Pfanne ohne Zugabe von Fett rösten, auskühlen lassen und in grobe Stücke hacken. Etwa 2 EL davon für die spätere Dekoration aufbewahren.
2. Das Eigelb unter Zugabe von Vanillemark und Xylit schaumig rühren, Nüsse und Milch unterziehen.
3. Sahne und Eiweiß getrennt voneinander steif schlagen. Beides vorsichtig unter die Nussmasse heben.
4. In der Eismaschine verarbeiten und mit den restlichen Nüssen anrichten.

LOW-CARB-PFLAUMEN-EIS

Nährwerte: 267 kcal | 28 g Kohlenhydrate | 4 g Eiweiß | 15 g Fett

Zutaten für 4 Portionen:

400 g frische Pflaumen
200 ml Milch
200 ml Sahne
80 g Xylit
Saft von ½ Orange
etwas Vanilleextrakt

Zubereitung:

1. Die gewaschenen Pflaumen entkernen und in Stücke schneiden. Unter Beigabe von Xylit, Orangensaft und Vanilleextrakt kurz aufkochen, anschließend etwa 10 Minuten weiter köcheln lassen.
2. Die noch warme Masse im Mixer fein pürieren und über Nacht kaltstellen (nicht gefrieren).
3. Am Folgetag die Milch kurz aufkochen, etwas abkühlen lassen und dann unters Püree geben. Sahne steif schlagen und ebenfalls unterheben.
4. In der Eismaschine entsprechend zubereiten oder für mindestens 4 Stunden ins Gefrierfach stellen.

LOW-CARB-SCHOKOLADENEIS

Nährwerte: 234 kcal | 38 g Kohlenhydrate | 3 g Eiweiß | 7 g Fett

<u>Zutaten für 4 Portionen:</u>

4 überreife Bananen
etwas Kokosmilch
2 bis 4 EL Xylit
4 EL Backkakao

<u>Zubereitung:</u>

1. Bananen zunächst in Stücke geschnitten einige Stunden einfrieren.
2. Anschließend im Mixer zusammen mit den anderen Zutaten zu einer cremigen Masse vermengen, die dann direkt verzehrfertig ist.
3. Nach Wunsch mit gehackten Nüssen oder frischen Bananenscheiben garnieren.

LOW-CARB-JOGHURT-GRAPEFRUIT-EIS

Nährwerte: 295 kcal | 18 g Kohlenhydrate | 6 g Eiweiß | 21 g Fett

Zutaten für 4 Portionen:

200 ml Sahne
200 g Naturjoghurt
100 g Frischkäse
Saft von 2 Bio-Grapefruits
Abrieb einer ½ Bio-Grapefruit
3 EL Xylit
Mark einer ½ Vanilleschote

Zubereitung:

1. Joghurt und Frischkäse zusammen mit dem Grapefruitsaft und dem Schalenabrieb glattrühren.
2. Xylit und Vanillemark gut untermengen.
3. Sahne steif schlagen und vorsichtig unter die Masse ziehen.
4. Für mindestens 6 Stunden im Gefrierfach durchkühlen lassen.

LOW-CARB-SALZKARAMELL-EIS

Nährwerte: 512 kcal | 13 g Kohlenhydrate | 17 g Eiweiß | 42 g Fett

Zutaten für 5 Portionen:

400 g Milch aus gerösteten Mandeln
150 g weißes Mandelmus
85 g Erythrit Gold
1 TL indische Sonnenflocken oder Flor de Sal
20 g Mandelplättchen

etwas Tonkabohnen-Abrieb

Zubereitung:

1. 70 Gramm Erythrit Gold in einer Pfanne gut erhitzen und unter ständigem Rühren vollständig schmelzen, bis er Bläschen wirft.
2. Bei geringer Temperatur nach und nach die Mandelmilch sowie das Mandelmus unterrühren und leicht köcheln lassen, bis sich eine homogene Masse ergibt.
3. Erst nach dem Abkühlen die indischen Sonnenflocken oder groben Salzkörner in die Mandelmasse einrühren, damit diese sich nicht auflösen.
4. Creme in der Eismaschine verarbeiten oder im Tiefkühler frosten.
5. Für die Deko die Mandelplättchen in 15 Gramm Erythrit Gold zusammen mit dem Tonkabohnen-Abrieb karamellisieren, erkalten lassen und übers Eis geben.

LOW-CARB-SAUERKIRSCH-EIS

Nährwerte: 238 kcal | 22 g Kohlenhydrate | 3 g Eiweiß | 14 g Fett

Zutaten für 4 Portionen:

200 ml Sahne
350 g Sauerkirschen
1 Ei
Mark einer ½ Vanilleschote
4 EL Xylit

Zubereitung:

1. Die entsteinten Kirschen zusammen mit 3 EL Sahne fein pürieren.
2. Das Ei schaumig schlagen, währenddessen Xylit und Vanillemark hinzugeben. Mit dem Kirschpüree vermengen.
3. Die restliche Sahne steif schlagen und ebenfalls unterheben.
4. In der Eismaschine zubereiten oder ins Gefrierfach stellen. Regelmäßig kräftig umrühren, damit sich keine Eiskristalle bilden.

Eis-Shakes

KAFFEE-BANANEN-SHAKE

Nährwerte: 340 kcal | 56 g Kohlenhydrate | 8 g Eiweiß | 8 g Fett

Zutaten für 2 Portionen:

2 reife Bananen
100 ml kalter Kaffee
150 g Joghurt
150 ml Milch
3 EL Vanille-Eiscreme
1 Messerspitze Zimt
1 TL Zitronensaft
2 EL Ahornsirup

Zubereitung:

1. Bananen zerteilen und mit Zitronensaft beträufeln, damit sie nicht braun werden.
2. Zusammen mit allen weiteren Zutaten außer dem Zimt im Mixer kräftig pürieren.
3. Zum Garnieren mit etwas Zimt bestäuben.

PFIRSICH-SHAKE

Nährwerte: 264 kcal | 27 g Kohlenhydrate | 6 g Eiweiß | 14 g Fett

Zutaten für 3 Portionen:

110 g Naturjoghurt
110 ml kalte Milch
160 ml Pfirsichsaft
60 ml Sahne
190 ml Vanille-Eiscreme
½ Päckchen Vanillezucker

<u>**Zubereitung:**</u>

1. Alle Zutaten im Mixer kräftig pürieren.
2. Nach Wunsch mit etwas Pfirsich-Likör oder Eierlikör abschmecken.

PISTAZIEN-SHAKE

Nährwerte: 343 kcal | 39 g Kohlenhydrate | 9 g Eiweiß | 15 g Fett

<u>Zutaten für 4 Portionen:</u>

1 reife Banane
500 ml kalte Milch
4 Kugeln Vanille-Eiscreme
4 Kugeln Pistazien-Eiscreme
1 Handvoll ungesalzene Pistazien

<u>Zubereitung:</u>

1. Alle Zutaten im Mixer so lange verquirlen, bis eine flüssige Creme entstanden ist und die Pistazien ausreichend zerkleinert wurden.
2. Nach Belieben mit geschlagener Sahne und einigen gehackten Pistazien dekorieren.

HONIG-VANILLE-SHAKE

Nährwerte: 285 kcal | 38 g Kohlenhydrate | 10 g Eiweiß | 10 g Fett

<u>Zutaten für 2 Portionen:</u>

250 ml fettarme Milch
150 g Naturjoghurt
200 g Honigmelone
2 Kugeln Vanille-Eiscreme
1 EL Honig

<u>Zubereitung:</u>

1. Honigmelone in Stücke schneiden und etwas für die Deko zur Seite stellen.
2. Das Fruchtfleisch mit Milch, Joghurt und Honig im Mixer pürieren, die Eiscreme hinzugeben und auf höchster Stufe mixen.
3. Zum Anrichten mit Melonenscheiben dekorieren.

BROMBEER-SHAKE

Nährwerte: 337 kcal | 38 g Kohlenhydrate | 10 g Eiweiß | 15 g Fett

Zutaten für 2 Portionen:

400 ml kalte Milch
250 g frische Brombeeren
50 ml Sahne
2 Kugeln Vanille-Eiscreme
1 Päckchen Vanillezucker
2 TL Zitronensaft
2 TL Puderzucker

Zubereitung:

1. Brombeeren gut waschen und zusammen mit allen weiteren Zutaten im Mixer pürieren.
2. Für einen noch intensiveren Geschmack kann die Vanille-Eiscreme durch fruchtige Sorten ersetzt werden.

SCHOKOLADEN-SHAKE MIT BAILEYS

Nährwerte: 519 kcal | 64 g Kohlenhydrate | 7 g Eiweiß | 20 g Fett

Zutaten für 2 Portionen:

100 ml kalte Milch
60 ml Schokoladensirup
4 Kugeln Bourbon-Vanille-Eiscreme
80 ml Baileys-Sahnelikör
Schlagsahne und Schokostreusel zum Garnieren

<u>Zubereitung:</u>

1. Milch, Sirup, Eiscreme und Sahnelikör im Mixer fein pürieren.
2. Nach Belieben mit geschlagener Sahne und Streuseln anrichten.

MARACUJA-ORANGEN-SHAKE

Nährwerte: 281 kcal | 48 g Kohlenhydrate | 6 g Eiweiß | 6 g Fett

<u>Zutaten für 2 Portionen:</u>

2 Maracujas
1 Glas Maracuja-Saft
Saft von 4 Orangen
2 Kugeln Orangen-Eiscreme
Saft von ½ Zitrone

<u>Zubereitung:</u>

1. Halbierte Maracujas auslöffeln, Fruchtfleisch mit Kernen in den Mixer geben.
2. Zusammen mit dem Maracuja-, Orangen- und Zitronensaft sowie der Eiscreme kräftig pürieren.

SPEKULATIUS-SHAKE

Nährwerte: 490 kcal | 44 g Kohlenhydrate | 9 g Eiweiß | 29 g Fett

Zutaten für 2 Portionen:

100 g Sahne
250 ml Milch
2 Kugeln Mandel- oder Haselnuss-Eiscreme
75 g Gewürzspekulatius
1 TL Zucker
½ TL Lebkuchengewürz
6 Würfel Eis

Zubereitung:

1. Spekulatius in einem Gefrierbeutel in grobe Brösel brechen und beiseitestellen.
2. Die Sahne unter Beifügen des Zuckers steif schlagen.
3. Milch, Eiscreme, Lebkuchengewürz und Eiswürfel im Mixer pürieren. Etwa zwei Drittel der Sahne sowie den Großteil der Spekulatiusbrösel hinzugeben und erneut kräftig verrühren.
4. Die Gläser mit der restlichen Sahne und einigen Spekulatiusstückchen dekorieren.

ANANAS-SHAKE

Nährwerte: 399 kcal | 49 g Kohlenhydrate | 7 g Eiweiß | 18 g Fett

<u>Zutaten für 2 Portionen:</u>

200 g Ananasfruchtfleisch
200 ml kalte Milch
4 Kugeln Ananas-Eiscreme
1 EL Zucker
etwas Schlagsahne und Vanillezucker zum Garnieren

<u>Zubereitung:</u>

1. Die Ananas in Stücke schneiden, pürieren und durch ein Sieb passieren.
2. Milch, Eiscreme und Zucker kräftig darunter mixen.
3. Zur Dekoration Sahne mit Vanillezucker steif schlagen und auf den Gläsern verteilen.

ERDNUSS-SHAKE

Nährwerte: 439 kcal | 43 g Kohlenhydrate | 11 g Eiweiß | 24 g Fett

<u>Zutaten für 4 Portionen:</u>

200 ml Milch
100 g Erdnussbutter
400 g Vanille-Eiscreme
4 EL Schokoladensoße

<u>Zubereitung:</u>

1. Milch, Erdnussbutter und Eiscreme im Mixer auf hoher Stufe verquirlen.
2. Zum Anrichten mit Schokoladensoße übergießen, die eine tolle Marmorierung im Getränk hinterlässt.

Eisdesserts für Genießer

HEIßES HASELNUSSEIS-CRUMBLE

Nährwerte: 372 kcal | 39 g Kohlenhydrate | 5 g Eiweiß | 21 g Fett

Zutaten für 4 Portionen:

30 g geriebene Haselnüsse
30 g kalte Butter
400 ml Haselnuss-Eiscreme
20 g Mehl
20 g brauner Zucker
8 EL Apfelmus
Mark einer Vanilleschote
1 TL Zimt

Zubereitung:

1. Kalte Butter in Stücke schneiden und mit Mehl, Nüssen, braunem Zucker, Vanillemark und Zimt verkneten. Der Teig soll bereits zu Krümeln zerfallen.
2. Ein Blech mit Backpapier belegen und die Krümel darauf verteilen. Im vorgeheizten Ofen bei 180 Grad Umluft knapp 20 Minuten backen.
3. Die Hälfte der Crumbles sofort auf Tellern verteilen, mit Apfelmus bestreichen, Eiskugeln daraufsetzen und mit den restlichen Crumbles bedecken.

WEIßES SCHOKOLADENPARFAIT AUF KARAMELL

Nährwerte: 437 kcal | 48 g Kohlenhydrate | 5 g Eiweiß | 28 g Fett

Zutaten für 6 kleine Weckgläser:

450 ml Sahne
100 g weiße Schokolade
165 g Zucker
2 Eier
3 EL Honig
2 EL gehackte Mandeln
1 Prise Salz

Zubereitung:

1. 200 ml Sahne erhitzen.
2. Gleichzeitig in einem zweiten Topf 150 Gramm Zucker mit Honig, Salz und 3 EL Wasser unter Rühren köcheln lassen, bis alles goldbraun wird. Vom Herd nehmen, heiße Sahne vorsichtig untermengen und die Soße kurz aufkochen. Ein Viertel davon zur Seite stellen.
3. Die restliche Karamellsoße gleichmäßig auf 6 Gläser verteilen und in den Kühlschrank geben.
4. In Stücke gebrochene Schokolade im Wasserbad schmelzen. Restliche Sahne steif schlagen.
5. Eier und restlichen Zucker verquirlen, Schokolade und Sahne unterziehen. Creme auf dem Karamell verteilen und 4 Stunden einfrieren.
6. Zum Anrichten mit restlicher Karamellsoße und Mandeln garnieren.

TIRAMISU-EISDESSERT

Nährwerte: 325 kcal | 26 g Kohlenhydrate | 5 g Eiweiß | 21 g Fett

Zutaten für 6 Portionen:

250 g Mascarpone
200 ml Sahne
150 ml Espresso
4 EL Amaretto
18 Löffelbiskuits
50 g Puderzucker
etwas Kakaopulver und Schokoraspel

Zubereitung:

1. Eine Kastenform mit Frischhaltefolie auslegen.
2. Espresso kochen und nach dem Abkühlen Amaretto einrühren.
3. Mit dem Handrührer Mascarpone mit der Sahne kräftig verquirlen, währenddessen Puderzucker zufügen. Die Masse muss halbwegs steif werden.
4. Mit 2 EL der Masse den Kastenformboden bedecken. 6 Löffelbiskuits in den Espresso tauchen und darauflegen, dann ein Drittel der Masse und erneut eine Lage in Espresso getränkte Löffelbiskuits darüber geben. Diese Schicht wiederholen. Die restliche Creme bildet dann die letzte Schicht. In Frischhaltefolie verpacken und über Nacht durchfrieren lassen.
5. 10 Minuten vor Verzehr stürzen und mit Kakaopulver und Raspeln garnieren.

VANILLE-EIS AUF FRUCHTIGEM BLÄTTERTEIG-MARZIPAN-BETT

Nährwerte: 517 kcal | 67 g Kohlenhydrate | 5 g Eiweiß | 24 g Fett

<u>Zutaten für 6 Portionen:</u>

1 Packung Butterblätterteig aus dem Kühlregal
2 EL Butter
50 g Marzipanrohmasse
1 Glas Schattenmorellen (350 g Abtropfgewicht)
80 g Zucker
500 ml Vanille-Eiscreme
1 Zimtstange
1 Sternanis
2 TL Speisestärke

<u>Zubereitung:</u>

1. Ofen auf 200 Grad vorheizen (Umluft 180 Grad). Aus dem Blätterteig 6 untertassengroße Kreise ausstechen und in die gefetteten Mulden eines Muffin-Blechs drücken.
2. Marzipan in 6 Scheiben schneiden, diese mit der Butter bestreichen und mit der gebutterten Seite nach unten auf die Teigböden verteilen. Für 15 bis 20 Minuten im unteren Ofendrittel backen.
3. Währenddessen in einem Topf den Zucker schmelzen und die Gewürze zugeben. Kirschen abgießen und den Saft ebenfalls mit aufkochen. Speisestärke darin glattrühren, Kirschen zugeben und die Gewürze wieder herausnehmen.
4. Blätterteigschälchen aus dem Ofen nehmen und jeweils mit dem noch warmen Kirschkompott und einer Kugel Vanille-Eiscreme anrichten.

GEBACKENES QUARK-EIS MIT BAISERHAUBE

Nährwerte: 338 kcal | 48 g Kohlenhydrate | 6 g Eiweiß | 12 g Fett

<u>Zutaten für 4 Portionen:</u>

1 reife Banane
2 Eiweiß
40 g Puderzucker
400 ml Quark-Eiscreme
2 EL gehackte Pistazien
2 EL Johannisbeergelee

<u>Zubereitung:</u>

1. Banane mit einer Gabel zerdrücken und mit dem etwas angetauten Eis sowie den Pistazien vermischen. In feuerfeste Förmchen füllen und frosten.
2. Eiweiß aufschlagen und dabei den Puderzucker einrieseln lassen. Die Masse muss glänzend und richtig steif werden.
3. Nun den Eischnee auf die Förmchen verteilen und im vorgeheizten Backofen bei 275 Grad Oberhitze backen, bis das Baiser leicht angebräunt ist. Mit Johannisbeergelee anrichten und heiß servieren.

BOUNTY-EISDESSERT

Nährwerte: 487 kcal | 25 g Kohlenhydrate | 41 g Eiweiß | 24 g Fett

Zutaten für 4 Portionen:

1 l Kokos-Joghurt
60 g Frischkäse
10 Eiweiß
120 g Eiweißpulver mit Vanille-Geschmack
40 g Kokosraspel
40 g Kakaopulver
gegebenenfalls etwas Zucker oder Süßstoff

Zubereitung:

1. Joghurt, Eiweiß, Proteinpulver und 20 Gramm Kokosraspel kräftig vermengen. Nach Wunsch etwas süßen.
2. Die Hälfte der Masse in eine Glasschüssel geben. Unter die andere sowohl den Frischkäse als auch das Kakaopulver mengen. Auf die erste weiße Schicht geben und die verbliebenen Kokosraspel darüberstreuen.
3. Alles für 4 Stunden im Gefrierfach frosten.

SOFTEIS MIT MARACUJA-EIERLIKÖR-TOPPING

Nährwerte: 371 kcal | 34 g Kohlenhydrate | 9 g Eiweiß | 19 g Fett

Zutaten für 6 kleine Weckgläser:

250 g Maracuja-Fruchtfleisch
150 ml Maracuja-Saft
300 ml Sahne
100 ml Milch

100 ml Eierlikör
12 Vollkornkekse
4 Eigelb
1 EL Puddingpulver
2 Päckchen Vanillezucker

Zubereitung:

1. Maracujas halbieren und auslöffeln, mit dem Eierlikör pürieren.
2. 50 ml Maracuja-Saft mit dem Puddingpulver verrühren und mit dem Püree in einem Topf kurz aufkochen. Dieses Topping mit Folie abdecken und abkühlen lassen.
3. Eigelbe mit Vanillezucker cremig schlagen, Sahne hinzufügen und weiter verquirlen. Milch und restlichen Maracuja-Saft untermengen. Alles in der Eismaschine zubereiten, bis es die Konsistenz von Softeis erreicht hat. Alternativ mehrere Stunden im Gefrierfach kühlen und regelmäßig umrühren.
4. In jedes Weckgläschen 2 Vollkornkekse krümeln, darauf das Softeis geben und mit dem Topping übergießen.

GESTREIFTES NUSSNOUGAT-PARFAIT MIT COOKIES

Nährwerte: 571 kcal | 45 g Kohlenhydrate | 9 g Eiweiß | 38 g Fett

Zutaten für 8 Portionen:

500 ml Sahne
2 Eier
6 Eigelb
100 g Zucker
100 g Zartbitterschokolade
150 g Kekse nach Geschmack (Schoko-Cookies, Schokowaffeln etc.)
125 g schnittfester Nussnougat
50 g Mandelplättchen

Zubereitung:

1. Eine Kastenform mit Frischhaltefolie auslegen.
2. Die Kekse in einem Gefrierbeutel mit dem Nudelholz zerbröseln, 3 EL für die Deko zur Seite stellen.
3. Schokolade und Nougat in Stücke brechen. 150 ml Sahne erhitzen und beides darin schmelzen und anschließend auskühlen lassen.
4. Eier, Eigelb und Zucker in eine Metallschüssel geben, diese im Wasserbad erhitzen und den Inhalt dabei schaumig schlagen (Handrührer verwenden). Schokoladenmasse unterrühren. Metallschüssel in ein mit eiskaltem Wasser gefülltes Gefäß umsetzen und weiter rühren, bis die Creme erkaltet.
5. Die restliche Sahne steif schlagen und vorsichtig unter die Nussnougatcreme heben.
6. Nun etwa ein Viertel der Masse in die Kastenform füllen, darauf eine Schicht Kekskrümel verteilen, dann wieder eine Schicht Masse und so weiter, so dass ein Streifenmuster entsteht. Die oberste Schicht bildet die Nussnougat-Masse.
7. Über Nacht zugedeckt einfrieren, dann aus der Form stürzen, in Stücke schneiden und in etwas angetautem Zustand mit den Mandelplättchen und restlichen Kekskrümeln garnieren.

SPAGHETTI-EIS IM GLAS

Nährwerte: 390 kcal | 19 g Kohlenhydrate | 11 g Eiweiß | 29 g Fett

Zutaten für 6 kleine Weckgläser:

300 g frische oder tiefgefrorene Erdbeeren
300 g Magerquark
300 g Mascarpone
300 ml Sahne
1 EL Zucker
1 ½ EL Zitronensaft
30 g Puderzucker
1 Päckchen Vanillezucker
30 g weiße Schokolade

Zubereitung:

1. Frische Erdbeeren waschen und in Stücke schneiden. Tiefkühlobst auftauen lassen. Erdbeeren mit Puderzucker und 2 EL Wasser in einem Topf kurz aufkochen und etwas köcheln lassen. Anschließend pürieren und kaltstellen.
2. Magerquark mit Mascarpone, Zucker, Zitronensaft und Vanillezucker gut verquirlen. Sahne steif schlagen und vorsichtig unterheben. Alles gleichmäßig auf die Gläser verteilen.
3. Die Masse muss nicht zwangsläufig gefrieren, es reicht aus, die Gläser eine Stunde kaltzustellen.
4. Zum Anrichten die Erdbeersoße darüber gießen und mit der geraspelten weißen Schokolade garnieren.

EISPRALINEN MIT ZITRONEN-BUTTERMILCH-FÜLLUNG

Nährwerte: 356 kcal | 31 g Kohlenhydrate | 4 g Eiweiß | 23 g Fett

Zutaten für 6 Portionen (30 Pralinen):

250 g Zartbitter-Kuvertüre
150 ml Buttermilch
100 g Crème fraîche
50 g Zucker
3 Bio-Zitronen
1 Päckchen Bourbon-Vanillezucker
25 g Kokosöl

Zubereitung:

1. Zitronen waschen und Schale abreiben. 1 EL davon mit 50 ml des ausgepressten Zitronensafts mischen. Buttermilch, Crème fraîche, Zucker und Vanillezucker zugeben und alles gut verquirlen.
2. Die Masse in eine mit Folie ausgelegte Kastenform geben und für 4 Stunden gefrieren lassen.
3. Die in Stücke gebrochene Kuvertüre mit dem Kokosöl im Wasserbad schmelzen.
4. Währenddessen die Eismasse aus dem Gefrierschrank nehmen und mit einem heißen Messer in kleine, mundgerechte Quadrate schneiden.
5. Jedes Quadrat aufspießen, in die flüssige Schokolade tauchen, kurz auf einer Platte abkühlen lassen und dann erneut einige Zeit gefrieren.

MOHN-EIS MIT RUMNOTE

Nährwerte: 379 kcal | 27 g Kohlenhydrate | 8 g Eiweiß | 24 g Fett

Zutaten für 4 Portionen:

250 g Sahne
200 ml Milch
2 Eier
80 g Zucker
50 g Mohn
1 Schuss Rum
1 TL Honig

Zubereitung:

1. Eier und Zucker schaumig rühren. Milch in einem Topf leicht erhitzen und direkt kräftig unter die Eier-Masse schlagen. Die Schüssel in kaltem Wasser abkühlen lassen, dabei weiter rühren.
2. Mohn, Rum und Honig untermengen. Sahne steif schlagen und unter die Creme ziehen.
3. In der Eismaschine oder im Gefrierfach frosten.

ROSMARIN-PARFAIT AN ROTER GRÜTZE

Nährwerte: 432 kcal | 27 g Kohlenhydrate | 6 g Eiweiß | 25 g Fett

Zutaten für 6 Portionen:

500 ml Sahne
4 Eigelb
150 g brauner Zucker
2 Zweige Rosmarin

1 Glas rote Grütze

<u>Zubereitung:</u>

1. Den Rosmarin in die Sahne geben und über Nacht im Kühlschrank durchziehen lassen.
2. Eigelb und Zucker überm Wasserbad schaumig schlagen. Rosmarin-Zweige aus der Sahne nehmen und diese steif schlagen. Vorsichtig unter die Eimasse heben.
3. Eine Kastenform mit Folie auslegen und die Masse eingießen. Für 4 Stunden ins Gefrierfach stellen.
4. Zum Verzehr Parfait ein wenig antauen lassen und mit warmer roter Grütze servieren.

MALAGA-EISTORTE

Nährwerte: 520 kcal | 30 g Kohlenhydrate | 8 g Eiweiß | 36 g Fett

<u>Zutaten für 12 Portionen:</u>

800 ml Sahne
300 g Zartbitterschokolade
100 g Walnusskerne
100 g Mandeln
100 g fertige Baisertupfen
100 g Rosinen
3 EL Mandelplättchen
etwas Rum
etwas Grieß

<u>Zubereitung:</u>

1. Rosinen über Nacht in Rum einlegen und am nächsten Tag etwas abtropfen lassen.
2. Eine Springform mit 26 Zentimetern Durchmesser fetten und mit ein wenig Grieß bestreuen.
3. 90 Gramm Baiser zerbröseln, 200 Gramm der Schokolade sowie die Walnusskerne und Mandeln hacken.
4. Sahne steif schlagen und dann Rosinen, Baiser, Schokolade, Walnuss- und Mandelsplitter vorsichtig unterziehen. Alles in die Springform füllen, glattstreichen und abgedeckt für 24 Stunden ins Gefrierfach stellen.
5. Vor dem Servieren 30 Minuten antauen lassen. Währenddessen die Mandelplättchen ohne Zugabe von Fett in einer Pfanne rösten und die restliche Schokolade im Wasserbad schmelzen.
6. Torte vorsichtig vom Rand lösen und dann mit Mandeln, Schokoladensoße und verbliebenen Baisertupfen garnieren.

FRITTIERTE EIS-KÜCHLEIN AN APRIKOSEN

Nährwerte: 409 kcal | 28 g Kohlenhydrate | 3 g Eiweiß | 30 g Fett

<u>Zutaten für 4 Portionen:</u>

1 Packung Frühlingsrollenteig
100 ml Öl
1 Ei
4 Aprikosenhälften
4 kleine Kugeln Bourbon-Vanille-Eiscreme
1 EL Puderzucker
1 Schuss Cointreau

<u>Zubereitung:</u>

1. Den Frühlingsrollenteig etwas antauen lassen und 4 Teigblätter nebeneinander bereitlegen.
2. Aprikosenhälften auf 4 Teller verteilen, Öl in einer möglichst kleinen Pfanne kräftig erhitzen, Ei verquirlen.
3. Auf jedes Teigblatt eine kleine Kugel Eiscreme setzen, dann an den Rändern fest zu einer Teigtasche verschließen und im Anschluss mit dem verquirlten Ei bestreichen.
4. Die Teigtaschen von jeder Seite 20 Sekunden im heißen Fett frittieren, herausnehmen und zu den Aprikosenhälften legen. Mit Cointreau übergießen und kurz flambieren.

BAKLAVA-EIS MIT TROCKENFRÜCHTEN

Nährwerte: 393 kcal | 20 g Kohlenhydrate | 8 g Eiweiß | 30 g Fett

Zutaten für 4 Portionen:

250 ml Sahne
50 g getrocknete Feigen
50 g getrocknete Aprikosen
60 g Pistazienkerne
25 g Mandeln
2 Eier
60 g Honig
2 TL Zitronenschale
Mark einer Vanilleschote
1 Prise Salz

Zubereitung:

1. Eier trennen. Eigelb mit Honig und Vanillemark schaumig schlagen.
2. Feigen, Aprikosen, Pistazien, Mandeln und Zitronenschale im Mixer zerkleinern, Eimasse damit verquirlen.
3. Sahne steif schlagen und unterziehen. Eiweiß mit Salz steif schlagen und ebenfalls untermengen.
4. Eine kleine Kastenform mit Frischhaltefolie auskleiden und die Masse hineinfüllen. Abgedeckt über Nacht frosten lassen.

WINTERLICHES GLÜHWEIN-EIS

Nährwerte: 346 kcal | 35 g Kohlenhydrate | 7 g Eiweiß | 17 g Fett

Zutaten für 6 Portionen:

200 ml Sahne
600 ml Vollmilch
abgeriebene Schale von 2 Bio-Orangen
abgeriebene Schale von 2 Bio-Limetten
4 Eigelb
100 g Zucker
125 ml Rotwein
2 Nelken
1 Sternanis
4 EL Honig
1 TL Zimt

Zubereitung:

1. Sahne und Vollmilch mit Schalenabrieb, Nelken, Sternanis, Honig und Zimt vermengen und erhitzen, bis die Mischung anfängt zu köcheln. Vom Herd nehmen.
2. Eigelb mit Zucker zu einer cremigen Masse verquirlen und die Sahne-Milch langsam unterrühren. Ein weiteres Mal im Topf erhitzen, bis die Creme eindickt. Die Schüssel in eine große, mit kaltem Wasser gefüllte Schüssel setzen und dort bis zum Abkühlen weiter rühren. Nelken und Sternanis herausfischen, Rotwein hinzugießen und gut vermengen.
3. Masse in der Eismaschine 50 Minuten frosten lassen. Alternativ für mehrere Stunden in einem Gefrierbehälter einfrieren.

MILCHREIS-EIS MIT PFLAUMENMUS

Nährwerte: 374 kcal | 56 g Kohlenhydrate | 8 g Eiweiß | 12 g Fett

Zutaten für 6 Portionen:

500 ml Milch
200 ml Sahne
140 g Zucker
150 g Milchreis
2 Eier
1 TL Zimt
6 EL Pflaumenmus

1 Prise Salz

<u>Zubereitung:</u>

1. Milch in einem Topf unter Rühren aufkochen, Milchreis und Salz beifügen und für 30 Minuten auf der heißen Platte quellen lassen. Ständig rühren, damit nichts anbrennt.
2. 30 Gramm Zucker einrühren und etwas abkühlen lassen.
3. 30 Gramm Zucker mit dem Zimt mischen und damit eine gefettete Kastenform ausstreuen.
4. Eier mit dem restlichen Zucker schaumig rühren. Milchreis darunter mengen. Sahne steif schlagen und ebenfalls unterziehen.
5. In die Kastenform füllen und abgedeckt für 6 Stunden gefrieren lassen. Mit Pflaumenmus anrichten.

Spezial:
Extra für Kinder

CREMIGES SCHOKOLADEN-NUTELLA-EIS

Nährwerte: 363 kcal | 40 g Kohlenhydrate | 5 g Eiweiß | 20 g Fett

Zutaten für etwa 10 Portionen:

470 ml Milch
170 g Nutella
230 ml Sahne
230 g Zucker
5 Eigelb
3 EL Kakaopulver
60 g Schokolade (mind. 70 % Kakaogehalt)
70 g Haselnüsse
1 TL Vanilleextrakt
1 Prise Salz

Zubereitung:

1. Erhitze erst die Milch mit der Nutella und der Sahne in einem Topf.
2. Schokolade grob hacken, mit in den Topf geben und schmelzen lassen.
3. Kakao unterrühren und auf eine niedrige Temperatur herunterschalten.
4. Rühre jetzt die Eigelbe mit Vanille und Salz schaumig und hebe die Masse nach und nach unter die heiße Schokoladenmischung.
5. Für 2 Stunden kaltstellen und dann für 60 Minuten in die Eismaschine geben.
6. Nach der Hälfte der Kühlzeit werden die Nüsse gehackt und daruntergehoben.

DULCE DE LECHE MIT KARAMELLSOßE

Nährwerte: 494 kcal | 60 g Kohlenhydrate | 3 g Eiweiß | 40 g Fett

<u>Zutaten für etwa 6 Portionen:</u>

490 g Sahne
350 g Dulce de Leche
50 ml Milch
100 g Zucker
25 g Butter
30 ml Wasser
1 Prise Salz

<u>Zubereitung:</u>

1. Verrühre die Milch mit Dulce de Leche und schlage 400 Gramm Sahne steif.
2. Sahne unter die Masse heben und in der Eismaschine zubereiten oder im Tiefkühlfach gefrieren lassen.
3. Für die Karamellsoße erst Wasser und Zucker in einem Topf aufkochen lassen.
4. So lange unter Rühren köcheln lassen, bis die Mischung goldbraun ist.
5. Vom Herd nehmen, Butter unterrühren, restliche Sahne nach und nach dazugeben und unter Rühren zu einer glatten Soße werden lassen.
6. Am Ende das Salz in die Soße geben und diese als Topping über das Eis geben.

HIMMLISCHES SCHLUMPF-EIS

Nährwerte: 465 kcal | 41 g Kohlenhydrate | 10 g Eiweiß | 27 g Fett

<u>Zutaten für 4 Portionen:</u>

300 ml Vollmilch
100 ml gesüßte Kondensmilch
200 ml Sahne
6 Eigelb
130 g Zucker
1 Zitrone
2 Vanilleschoten
3 Tropfen blaue Lebensmittelfarbe
1 Prise Salz

<u>Zubereitung:</u>

1. Eigelb mit Zucker und Salz schaumig schlagen.
2. Vanilleschoten auskratzen. Milch, Kondensmilch und Sahne im Topf erhitzen, Vanillemark darin auflösen (nicht kochen).
3. Die Eimasse langsam in den Topf einrühren. Zitrone auspressen und Saft hinzufügen, Die bereits ausgekratzten Vanilleschoten mit erhitzen. Unter Rühren auf etwa 75 Grad bringen.
4. Von der Kochplatte nehmen und Vanilleschoten wieder entfernen, Lebensmittelfarbe gut unter die Masse rühren und abkühlen lassen.
5. Für 1 Stunde in die Eismaschine geben.

POPCORN-EIS

Nährwerte: 420 kcal | 44 g Kohlenhydrate | 5 g Eiweiß | 24 g Fett

Zutaten für 4 Portionen:

300 ml Sahne
300 ml Milch
150 g Zucker
60 g Popcorn
½ TL Vanilleextrakt
1 Eigelb

Zubereitung:

1. Alle Zutaten bis auf das Eigelb in einem Topf bei mittlerer Hitze kurz aufkochen lassen, dann von der Kochplatte nehmen und 15 Minuten abkühlen lassen.
2. Alles durch ein Sieb gießen, das Popcorn kräftig auspressen, bevor es entsorgt wird.
3. Eigelb in die Masse einrühren und nochmals erwärmen, bis sie andickt (nicht kochen).
4. Sobald die Masse auf Zimmertemperatur abgekühlt ist, für 60 Minuten in die Eismaschine geben.

KINDER-ÜBERRASCHUNGS-EI(S) AM STIEL

Nährwerte: 327 kcal | 27 g Kohlenhydrate | 6 g Eiweiß | 21 g Fett

Zutaten für 6 Portionen:

6 Überraschungseier
300 g Frischkäse
60 g Puderzucker

40 g Schokostreusel
1 TL Vanillezucker
6 flache Eisstiele aus Holz

Zubereitung:

1. Die Überraschungseier vorsichtig an der Schnittstelle öffnen und Inhalt herausnehmen.
2. Frischkäse und Puderzucker mit dem Handrührer schaumig schlagen, Vanillezucker und Schokostreusel untermengen.
3. Alle Eier-Hälften komplett mit der Masse befüllen. Vor dem Zusammensetzen Holzstiele auf eine Hälfte drücken, so dass sie möglichst weit ins Ei hineinreichen.
4. Vorsichtig zusammendrücken und mindestens 2 Stunden ins Gefrierfach geben.

KNALLIGES APRIKOSEN-EIS MIT KAROTTEN

Nährwerte: 395 kcal | 65 g Kohlenhydrate | 2 g Eiweiß | 13 g Fett

Zutaten für 4 Portionen:

200 g Aprikosen
200 g Karotten
200 ml Sahne
200 g Zucker
2 Päckchen Vanillezucker

Zubereitung:

1. Aprikosen waschen, Karotten schälen, 1 Karotte beiseitelegen. Beides in kleine Stücke schneiden und mit 5 EL Wasser in einem Topf für etwa 10 Minuten dünsten.
2. Den Zucker einrieseln lassen und weitere 5 Minuten rühren.
3. Von Herd nehmen, mit Vanillezucker vermengen, pürieren und erkalten lassen.
4. Sahne steif schlagen und unters Püree ziehen. Restliche Karotte fein raspeln und untermengen.
5. Masse für mindestens 4 Stunden ins Gefrierfach stellen.

SCHOKOSPLITTER-EIS MIT KEKSTEIG

Nährwerte: 542 kcal | 49 g Kohlenhydrate | 7 g Eiweiß | 34 g Fett

Zutaten für 6 Portionen:

240 ml Milch
400 ml Sahne
3 frische Eigelb
170 g Zucker
70 g weiche Butter
90 g Mehl
60 g Zartbitterschokolade
2 Vanilleschoten

Zubereitung:

1. Die weiche Butter mit dem Mehl, 40 ml Milch, 70 Gramm Zucker sowie dem Mark einer halben Vanilleschote kräftig verrühren.
2. Die Schokolade in Splitter hacken, eine Hälfte beiseitestellen und die andere Hälfte zum Teig geben. Für 20 Minuten im Tiefkühler frosten.
3. Eigelbe mit dem restlichen Zucker schaumig schlagen, verbliebene Milch sowie restliches Vanillemark untermengen. Sahne steif schlagen und vorsichtig unter die Masse heben. Die Masse in der Eismaschine gefrieren lassen.
4. Aus dem gefrorenen Keksteig haselnussgroße Kugeln formen, nochmals 10 Minuten frosten.
5. Kurz vor Ablaufen der Eismaschine die Teigkugeln zusammen mit den restlichen Schokosplittern unter die Eismasse mischen und alles zusammen fertig gefrieren lassen.

LILAFARBENE EIS-SANDWICHES

Nährwerte: 554 kcal | 48 g Kohlenhydrate | 5 g Eiweiß | 36 g Fett

Zutaten für 6 Portionen (18 Sandwiches):

720 ml Kokosmilch
200 g Heidelbeeren
36 Vollkorn-Butterkekse
120 ml Ahornsirup
1 TL Vanilleextrakt
Saft von ½ Zitrone

Zubereitung:

1. Alle Zutaten bis auf die Kekse kräftig im Mixer pürieren.
2. In der Eismaschine für etwa 60 Minuten frosten lassen.
3. Das angetaute Eis löffelweise auf je einen Butterkeks geben, verstreichen und mit einem zweiten Keks belegen. Bis zum Verzehr erneut kaltstellen.

GRIEßBREI-EIS MIT APFELMUS

Nährwerte: 364 kcal | 40 g Kohlenhydrate | 8 g Eiweiß | 18 g Fett

<u>Zutaten für 4 Portionen:</u>

500 ml Vollmilch
200 ml Sahne
50 g Weichweizengrieß
120 g Zucker
3 Eigelb
3 TL Zimt
4 EL Apfelmus
1 Vanilleschote

<u>Zubereitung:</u>

1. Eigelb schaumig schlagen und Zucker darin auflösen. Vanillemark aus der Schote kratzen und unterrühren.
2. Milch mit der leeren Vanilleschote auf dem Herd erhitzen, Zuckermischung langsam einfließen lassen und weiter rühren, bis eine cremige Masse entsteht, jedoch nicht kochen.
3. Vom Herd nehmen, Sahne, Grieß und Zimt untermengen und abkühlen lassen.
4. Apfelmus beimengen und in der Eismaschine frosten.

GEFÜLLTE EIS-ORANGEN

Nährwerte: 200 kcal | 22 g Kohlenhydrate | 2 g Eiweiß | 12 g Fett

<u>Zutaten für 4 Portionen:</u>

150 ml Sahne
4 mittelgroße Bio-Orangen
60 g Zucker
2 EL Milch
eventuell zusätzlich Orangensaft

<u>Zubereitung:</u>

1. Orangen waschen und abbürsten. Oben einen Deckel abheben und vorsichtig das Fruchtfleisch herauslösen. Dieses kräftig auspressen und den Saft auffangen. Falls es zu wenig ist, mit Orangensaft auf 250 ml auffüllen.
2. Milch und Zucker auf dem Herd aufkochen, kurz köcheln lassen, Orangensaft dazu gießen.
3. Von der Kochplatte nehmen und gut abkühlen lassen. Sahne steif schlagen und unter die kalte Masse heben.
4. Auf die 4 ausgehöhlten Orangen verteilen, den Deckel wieder aufsetzen und für 3 Stunden im Gefrierfach frosten.

REGENBOGEN-EIS AM STIEL

Nährwerte: 109 kcal | 18 g Kohlenhydrate | 2 g Eiweiß | 3 g Fett

<u>Zutaten für 10 Portionen:</u>

Blaue Schicht:
1 Banane
100 g Heidelbeeren
60 g griechischer Joghurt

Grüne Schicht:
1 Banane
100 g Ananas
2 Handvoll frischer Spinat
60 g griechischer Joghurt

Rote Schicht:
1 Banane
160 g Erdbeeren
60 g griechischer Joghurt

Gelbe Schicht:
1 Banane
150 g Mango
60 g griechischer Joghurt

<u>Zubereitung:</u>

1. Die Zutaten der einzelnen Schichten jeweils in einer separaten Schüssel pürieren.
2. Schichten in der gewünschten Reihenfolge aufeinander in die Eisformen geben und Eisstiele hineinstecken.
3. Alles für mehrere Stunden gut durchfrosten lassen.

FRUCHTIGE JOGHURT-EIS-MUFFINS

Nährwerte: 380 kcal | 44 g Kohlenhydrate | 5 g Eiweiß | 19 g Fett

Zutaten für 4 Portionen:

100 g tiefgekühlte Himbeeren
200 g Sahnejoghurt
125 ml Sahne
50 g Schmand
6 EL Nussnougatcreme
4 EL Zucker
2 EL Honig
1 Päckchen Vanillezucker

Zubereitung:

1. Joghurt mit Schmand, Zucker, Honig und Vanillezucker verquirlen. Steif geschlagene Sahne unterziehen. Für eine Stunde ins Gefrierfach stellen und immer wieder umrühren.
2. Die tiefgekühlten Himbeeren ohne Auftauen unter die Masse ziehen.
3. Die Nussnougatcreme in einem Topf etwas erhitzen. 4 Papierförmchen in ein Muffin-Blech legen und die Hälfte des dickflüssigen Nussnougats auf die Förmchen verteilen.
4. Nun das Joghurteis darauf verteilen und zuletzt das verbliebene Nussnougat tupfenweise in die Mitte jedes Förmchens setzen. Mit einem Holzstäbchen zu einer Sternform ziehen.
5. Muffinform im Gefrierfach gut durchfrosten lassen.

Schlusswort

Eis muss nicht ungesund, fettig oder ein echter Dickmacher sein. Natürlich ist ein köstliches, sahniges Speiseeis in der Lieblingssorte ab und zu ein echter Genuss und es wäre traurig, darauf völlig zu verzichten. Doch es gibt noch viel mehr Optionen, bei denen sich ein Versuch lohnt und bei denen du weißt, welche Zutaten drinstecken.

Wie wäre es zum Beispiel mit garantiert veganem, zuckerfreiem Eis, bei dem nur frische Zutaten zum Einsatz kommen? Oder mit selbstgemachtem Frozen Yogurt, bei dem du selbst bestimmen kannst, was enthalten ist und welche Toppings das Dessert abrunden? Eis am Stiel, Eis, welches ebenfalls im Rahmen der Low-Carb-Ernährung gut passt, und sahnige Köstlichkeiten, die an den letzten Urlaub in Italien denken lassen, runden die vielen Möglichkeiten ab.

Das Schöne beim selbstgemachten Eis ist, dass eine Eismaschine die Herstellung zwar deutlich vereinfacht, es aber genauso gut ohne geht. Dabei kommt es vor allem auf die Zubereitung an. Mit anderen Worten sollte das Eis beim Einfrieren für ein cremiges Ergebnis ab und zu umgerührt werden. Bei einer Eismaschine wird die Masse einfach hineingegeben und dann zur cremigen Köstlichkeit. Für den Anfang reichen jedoch ein guter Mixer und ein Gefrierbehälter aus und sorgen für süße Abkühlung. Jetzt heißt es aber erst einmal: Viel Spaß beim Probieren, Schlemmen und bei der eigenen Eisherstellung!

Hat dir das Buch gefallen?
Dann würde ich mich sehr über eine Rezension bei Amazon freuen.

www.ingramcontent.com/pod-product-compliance
Lightning Source LLC
Chambersburg PA
CBHW080451030726
47592CB00011B/3062